探地雷达土地整理质量检测技术

Quality Detection Technology of Land Consolidation by Ground Penetrating Radar

崔 凡 刘 波 杜云飞 曹震旦 陈 毅 著

国家能源集团 2030 重大项目先导项目"干旱生态脆弱区煤炭基地生态修复与保护研究"（GJNY2030XDXM-19-03.2）

陕西煤业化工集团重大项目"陕北煤矿区水资源保护与利用及生态重建关键技术研究与示范"（2018SMHKJ-A-J-03）

国家自然科学基金面上项目"基于阵列式三维探地雷达技术的煤矿地下水库探测评价研究"（52074306）

北京高等学校卓越青年科学家计划项目（BJJWZYJH01201911413037）

科技部"十二五"国家科技支撑计划课题"土地整理与质量检测专用装备研究与示范"

煤炭资源与安全开采国家重点实验室

共伴生能源精准开采北京市重点实验室

科 学 出 版 社

北 京

内 容 简 介

本书以科技部"十二五"国家科技支撑计划课题"土地整理与质量检测专用装备研究与示范"为依托，详细论述了基于探地雷达技术的土地整理质量半定量化分类的理论和完整技术流程，初步实现探地雷达探测技术由定性解释向定量化解释的转变，为土地整理质量定量化解释及解释标准化提供理论支撑。本书共分6章，主要内容包括基于探地雷达的土地整理质量检测关键技术概论、探地雷达理论基础、土壤物理模型雷达波传播规律及特征、土壤物性识别算法、土壤级别分类器算法模型和基于探地雷达的土地整理质量检测关键技术展望。本书多取材于科研和工程实践，注重理论与实践的紧密结合，其技术方法主要针对现实需要解决问题；在内容安排上，注重理论的系统性，尽可能在理论探讨上深入浅出，在应用上兼顾工程实践。

本书可作为高等院校土地整理与质量检测、信息与计算科学、应用地球物理等专业的研究生教材，也可供雷达系统、土地整理等领域的科研和工程技术人员参考。

图书在版编目（CIP）数据

探地雷达土地整理质量检测技术 = Quality Detection Technology of Land Consolidation by Ground Penetrating Radar / 崔凡等著. —北京：科学出版社，2021.4

ISBN 978-7-03-066086-2

Ⅰ．①探…　Ⅱ．①崔…　Ⅲ．①探地雷达－应用－土地整理－检测　Ⅳ．①F301.2

中国版本图书馆CIP数据核字（2020）第174058号

责任编辑：刘翠娜　王楠楠 / 责任校对：王萌萌
责任印制：吴兆东 / 封面设计：无极书装

科学出版社 出版
北京东黄城根北街 16 号
邮政编码：100717
http://www.sciencep.com

北京厚诚则铭印刷科技有限公司 印刷
科学出版社发行　各地新华书店经销

*

2021 年 4 月第 一 版　开本：720 × 1000 1/16
2022 年 1 月第二次印刷　印张：8
字数：200 000
定价：118.00 元

（如有印装质量问题，我社负责调换）

作 者 简 介

崔凡，副教授，博士生导师，中国注册地球物理工程师。1984 年 1 月生，2012 年毕业于中国矿业大学(北京)，获地球探测与信息技术博士学位。在国内外期刊和国际会议上发表学术论文 50 余篇，其中 SCI、EI 收录 30 余篇，授权专利及软件著作权共 20 余项，出版专著 1 部；主持或参与国家重点研发计划、科技部重大专项、国家自然科学基金项目及各类企业科研项目 20 余项；先后获国家技术发明奖二等奖 1 项，省部级一等奖 4 项、二等奖 5 项、三等奖 2 项；入选 2015～2017 年度中国科学技术协会首批"青年人才托举工程"资助项目、2018 年北京市委组织部优秀人才培养青年骨干个人资助项目、中国煤炭学会 2020 年度"最美煤炭科技工作者"，获得 2020 年中关村绿色矿山产业联盟"绿色矿山青年科学技术奖"；担任中国地球物理学会 *Applied Geophysics* 期刊专业板块负责人、《中国矿业大学学报》期刊中青年编委会委员、《煤炭科学技术》期刊青年专家学术委员会委员。

主要研究方向：应用地球物理、探地雷达方法与技术、煤田三维地震反演。

前　言

我国人多地少又处于高速发展阶段，每年建设占用耕地规模较大，耕地保护和确保粮食安全的任务十分艰巨，因此，国家对土地整理及其质量十分重视。"土壤质量"通俗意义上是指土壤的好坏程度，即土壤维持生物生产力、促进作物健康和保护环境的能力，而土壤的物理参数是衡量土壤质量的重要指标。土壤质量的检测方法很多，传统土壤质量检测采用效率低且成本高的采样实验手段，遥感检测方法则是基于样点像元值与实地数据的关系反演得到结果，只适用于大范围的土壤质量检测。探地雷达探测是一种快速、连续、非接触电磁波探测技术，它具有采集速度快、分辨率高的特点。因此，将具有快速便捷、高精度及无损检测特点的探地雷达技术应用于土地整理质量检测中在理论上具备可行性。

本书以"土地整理与质量检测专用装备研究与示范"课题为背景，针对土地整理质量检测的内容与核心——土壤质量，开展探地雷达的探测方法和算法研究。以电磁波传播理论为基础、雷达处理解释技术为手段，通过谱分析方法深入研究不同物理参数土壤的雷达波响应特征，使用神经网络算法建立针对不同物理参数土壤功率谱响应的分类级别，最后通过实际测试验证分类结果的可靠性，达到快速定量实现土地整理质量检测的目的。

在本书出版之际，我要代表我们课题组向关心、支持和指导我们开展这项研究工作的中国工程院院士彭苏萍、中国矿业大学(北京)杨峰教授等表示衷心的感谢！

课题组研究人员杜云飞博士、陈柏平博士、李思远硕士等为本书提供了大量的试验和工程应用素材，同时本书参考和引用了杨峰教授和彭苏萍院士《地质雷达探测原理与方法研究》中的部分内容，在此一并表示衷心的感谢！本书获得了国家能源集团 2030 重大项目先导项目"干旱生态脆弱区煤炭基地生态修复与保护研究"（GJNY2030XDXM-19-03.2）、陕西煤业化工集团重大项目"陕北煤矿区水资源保护与利用及生态重建关键技术研究与示范"（2018SMHKJ-A-J-03）、国家自然科学基金面上项目"基于阵列式三维探地雷达技术的煤矿地下水库探测评价研究"（52074306）、北京高等学校卓越青年科学家计划项目（BJJWZYJH01201911413037）等项目的资助。

崔　凡

中国矿业大学(北京)地球科学与测绘工程学院

2020 年 9 月于北京

目　　录

前言

第1章　基于探地雷达的土地整理质量检测关键技术概论 ··············1

　1.1　基于探地雷达的土地整理质量检测关键技术研究的必要性 ·······1

　1.2　国内外发展现状 ··2

　　1.2.1　探地雷达发展史 ···2

　　1.2.2　探地雷达处理与解释现状 ·····································4

　　1.2.3　土地整理及土壤质量研究现状 ·································6

　　1.2.4　土壤地球物理探测方法研究现状 ·······························7

　　1.2.5　神经网络技术的发展 ···8

　1.3　本书的内容安排 ··9

　参考文献 ··9

第2章　探地雷达理论基础 ··13

　2.1　探地雷达的探测原理 ···13

　2.2　雷达波在土壤介质中的传播机理 ·····································15

　　2.2.1　电磁场与电磁波的传播方程 ···································15

　　2.2.2　土壤介质中电磁波的传播规律 ·································25

　2.3　探地雷达采集系统 ··28

　　2.3.1　探地雷达硬件系统 ···28

　　2.3.2　探地雷达数据采集 ···29

　　2.3.3　探地雷达控制单元系统 ···31

　　2.3.4　探地雷达接收及发射天线子系统 ·······························34

　2.4　常用探地雷达设备及数据格式 ·······································36

　　2.4.1　探地雷达设备 ···36

　　2.4.2　常用探地雷达数据格式 ···38

　2.5　探地雷达资料处理与解释 ··48

　　2.5.1　探地雷达资料处理 ···48

　　2.5.2　探地雷达资料解释 ···51

　参考文献 ··52

第3章　土壤物理模型雷达波传播规律及特征 ·······························53

　3.1　物理模型 ···53

3.1.1 物理模型建立 ··· 53
3.1.2 土壤物理参数选择 ·· 54
3.2 土壤物理模型参数测试 ··· 56
3.2.1 实验测试设备选择 ·· 56
3.2.2 雷达探测方法设计 ·· 60
3.2.3 实验测试结果可靠性评价 ·································· 61
3.3 基于雷达透射的资料处理解释方法 ······························ 63
3.3.1 雷达波初至分析 ·· 64
3.3.2 土壤介电常数计算 ·· 66
3.3.3 实验土壤物理参数及介电常数计算 ························ 69
3.4 雷达波在土壤介质中的传播特征 ································ 70
3.4.1 介电常数与土壤介质物理参数 ···························· 70
3.4.2 雷达传播主频与土壤介质物理参数研究 ···················· 73
参考文献 ·· 75
第4章 土壤物性识别算法 ·· 76
4.1 ARMA 谱分析方法 ·· 76
4.1.1 平稳 ARMA 过程 ··· 76
4.1.2 ARMA 谱分析方法 ······································· 79
4.1.3 ARMA 与经典傅里叶数据分析对比 ······················· 81
4.2 土壤介质功率谱特征分析 ······································ 84
4.2.1 功率谱包络分布分析 ······································ 84
4.2.2 功率谱频率能量分布分析 ·································· 85
4.2.3 ARMA 功率谱土壤响应特征模型 ························· 95
参考文献 ·· 96
第5章 土壤级别分类器算法模型 ······································ 98
5.1 神经网络理论基础 ·· 98
5.1.1 生物神经网络 ·· 98
5.1.2 人工神经网络 ·· 99
5.1.3 分类器 ··· 102
5.2 BP 神经网络分类器 ·· 102
5.3 土壤级别 BP 分类器 ··· 102
5.3.1 算法流程 ··· 103
5.3.2 评价因子的量化方法 ····································· 105
5.3.3 测评实例及验证 ··· 106
5.4 误差分析和改进 ··· 113

参考文献 ·· 113

第 6 章　基于探地雷达的土地整理质量检测关键技术展望 ················· 115

参考文献 ·· 116

第1章　基于探地雷达的土地整理质量检测关键技术概论

我国地少人多且处于高速发展阶段，每年建设占用耕地规模较大，耕地保护和确保粮食安全的任务十分艰巨，因此，国家对土地整理及其质量十分重视。探地雷达是近年来迅速发展的高精度无损探测技术，已广泛应用到工程检测和地质勘查中，是近年物探领域研究的热点之一。本章简要阐明基于探地雷达的土地整理质量检测关键技术研究的必要性，并介绍探地雷达技术、探地雷达处理解释、土地整理及土壤质量研究、土壤地球物理探测方法及神经网络技术的发展现状，最后给出本书的内容安排。

1.1　基于探地雷达的土地整理质量检测关键技术研究的必要性

土地自古以来都是人类赖以生存的场所，也是人类劳动过程得以实现的基本条件与物质基础。我国地少人多又处于高速发展的阶段，每年建设占用耕地的规模都比较大，耕地保护和粮食安全任务十分艰巨。据统计，我国人均耕地不足世界人均耕地水平的45%。1998～2006年，我国耕地面积约以每年1300万亩（1亩≈666.7m^2）的速度减少，9年共减少1.17亿亩，到2006年我国耕地总面积18.27亿亩，到2008年各类土地占用使得耕地约减少373.4万亩。

与此同时，我国农业生产中农药、化肥等使用得很多，平均每公顷土地化肥施用量高达400kg以上，农药年使用量已突破120万t，其中50%左右的农药会进入土壤与水体中，污染的农田面积现已达到900万hm^2。土地环境日益恶化，过量施用化肥和农药会造成土壤板结、污染、生产力下降，长此以往会使我国的粮食生产和粮食安全供给受到严重威胁，直接影响农业的可持续发展。为此，国土资源部门致力于开展农村土地整理工作，在实现耕地占补平衡、改善农业生产条件以及农村生活环境等方面起到了积极作用。

土壤作为土地整理工作内容的核心和对象，其质量好坏影响了整理后土地的利用情况。"土壤质量"一词通俗来说是指土壤的好坏程度，是土壤维持生产力、促进作物健康和保护环境的能力。近年来由于对土地整理工作的重视，各地除了满足耕地占补平衡需要开展的土地整理项目，还有通过增减挂钩、新农村建设等方式开展的土地整理项目。可见在未来一段时期内土地整理将保持较大的规模，在此期间如果不能确保耕地质量，占优补劣、弄虚作假，不仅会严重损害国土资源部门的形象，而且会严重浪费国家资金和其他社会资源，导致我国耕地质量快速退化。因此，全力保障土地整理质量，是开展土地整理工作的首要任务。

土地整理中土壤质量检测的方法有很多，传统方法通常是采用实地采样、室内实验等手段，效率低且成本高。近几年开始推广的基于遥感的土壤质量检测是基于样点像元值与实地数据的关系反演得到的，只适用于大范围尺度上的土壤质量检测，并不能从微观上对土壤的物理参数等性质进行检测。土壤含水性和空隙率是土地整理评价的关键物理参数，目前这些参数只能通过时域反射法(time domain reflectometry，TDR)或在采样室内分析，这些方法不仅工作量巨大，而且只能获得局部参数，很难对整个复垦地区做出合理评定。探地雷达(ground penetrating radar，GPR)技术作为一种工程质量检测中常用的物探方法，是利用高频宽带脉冲电磁波的发射和接收，探测地下物体的技术，该技术对路面、建筑物等介质的质量检测具有快速、无损、精度高等特点。如果将探地雷达技术应用于土地整理中的土壤质量检测，对于提高检测精度和效率将具有重要意义。

本书以科技部"十二五"国家科技支撑计划课题"土地整理与质量检测专用装备研究与示范"为依托，旨在将探地雷达探测技术应用于土地整理质量检测中，探讨电磁波对不同微观结构及物理参数条件下的土壤的响应特征，在提取特征参数的基础上，建立神经网络模型实现土壤含水率和紧实度的半定量化分类，从而为土地整理中的土壤质量快速检测提供关键技术。

1.2 国内外发展现状

1.2.1 探地雷达发展史

探地雷达是通过发射高频脉冲电磁波(频率范围在 $10^6 \sim 10^9$Hz)进行地下目标探测的。其历史可追溯到 20 世纪初，德国人 Hulsmeyer 于 1904 年首次将电磁波信号应用于地下金属体的探测。1910 年 Leimback 和 Lowy 用埋设在一组钻孔里的偶极子天线探测地下高导电区域，并申请了专利，正式提出了探地雷达的概念。1926 年 Hnlsenbeck 发明了脉冲式探地雷达，应用脉冲式探地雷达探测地下结构，指出在介电常数不同的介质面，电磁波会产生反射。从 1930 年开始，探地雷达就以一种较为成熟的深层探测手段出现于物探领域，如 Steenson(1951)和 Evans(1963)对冰层厚度使用冲击探地雷达进行探测，Morey (1974)使用探地雷达对水进行了剖面成像，Cook(1975)使用探地雷达进行矿藏探测，Kadaba(1976)使用冲击探地雷达探测沙漠地下目标，Roe 和 Ellerbruch(1979)利用探地雷达实现了对煤层厚度的测量。这些早期的探地雷达，多针对对电磁波吸收很弱的冰层、岩层等介质。进入 20 世纪 80 年代，探地雷达广泛应用于测量煤厚以及检测管道、电缆等。

随着电子技术的发展，从 20 世纪 70 年代开始，探地雷达得到人们的重视与关注，同时，美国"阿波罗"计划月球表面探测实验的需要，加速了探地雷达的发展，其发展历程大致可分为三个阶段。

第一阶段：从 20 世纪 70 年代初到 70 年代中期的试验阶段。在此期间，美国、日本和加拿大等国家都在大力研发探地雷达，英国、德国也相继发表了学术论文和研究报告，并且首家生产和销售探地雷达的公司成立，即由美国的 Rex Morey 和 Art Drake 成立的地球物理探测设备公司(GSSI)。此阶段探地雷达技术主要停留在对地表附近偶极天线的辐射场以及电磁波与各种地质材料相互作用关系的认识上，探地雷达的探测精度和地下杂乱回波中目标体的识别等方面依然存在许多问题。

第二阶段：从 20 世纪 70 年代中后期到 80 年代的实用化阶段。美国、日本、加拿大等国家都相继推出探地雷达系统，主要有美国的地球物理探测设备公司的便携式探地雷达(SIR)系统，日本应用地质株式会社(OYO)的 YL-R2 探地雷达，以及英国煤气公司(GP)管道公司的探地雷达。加拿大 A-Cube 公司的 Annan 和 Davis 等于 1998 年创建了传感器及软件公司(SSI)，该公司主要是针对 SIR 系统的局限性以及实际操作需求，采用了微机控制、数字信号处理和光缆传输技术，开发出专业型探地雷达(EKKO GPR)系列产品。瑞典地质公司(SGAB)生产出了 RAMAC 钻孔雷达系统。意大利工程与系统(IDS)公司、丹麦等也都在生产和研制各种不同型号的雷达。此外，在 80 年代，具有划时代意义的全数字化探地雷达也横空出世，数字化雷达不仅增强了实时和现场数据的处理能力，也提高了大量数据的存储能力，使得探地雷达应用领域在这个时期得到拓展，更显露出巨大的应用潜力。

第三阶段：20 世纪 80 年代至今的完善和提高阶段。在此期间，伴随着现代科学技术的突飞猛进，探地雷达受到越来越多国家的关注，并出现了很多探地雷达研究机构，如荷兰应用科学研究组织、挪威科技大学、代尔夫大学、法国和德国的 Saint-Louis 研究所、英国的国防评估与研究局(DERA)、比利时的皇家陆军军官学校(RMA)和日本的一些研究机构等。同时，探地雷达也得到了地球物理和电子工程界的更多关注，研究人员在天线性能、信号处理解释和成像等方面提出了许多新的见解。GSSI 公司于 1990 年被日本应用地质株式会社收购并之后在商业应用上取得了极大的成功，Pulse Radar 公司、Panetradar 公司以及加拿大的 SSI 也在此期间迅速发展。进入 21 世纪以后，探地雷达逐渐向更多的领域发展，在地质勘探、土木工程、铁路公路质量检测、环境工程、市政设施检测维护和刑侦等领域都有重要应用。

我国探地雷达的研制工作起步较晚，在 20 世纪 70 年代中期，煤炭科学研究总院重庆分院高克德教授为首的探地雷达专题小组，针对煤矿生产特点研制开发了 KDL 系列矿井防爆雷达仪。80 年代末至 90 年代初，随着国内探地雷达仪器研制水平的提高及国外先进仪器的引进，国内包括成都电子科技大学、西安交通大学、中国电子科技集团公司第二十二研究所、中国电子科技集团公司第五十研究所、中国科学院长春光学精密机械与物理研究所、北京遥感设备研究所、北京理工大学、清华大学、西南交通大学和北京爱迪尔公司等在内的不少高校和科研单位先后研制过探地雷达试验系统，并在某些技术上取得了一些成果。90 年代末至 21 世纪初，中国矿业大学(北京)彭苏萍院士研究团队根据国内煤炭的发展需要，成立仪器项目开发组，开始着手探地雷达的研发工作，并于 2004 年开发出具有自主知识产权的 GR 系列探地雷达。

近几年来，伴随着探地雷达方法在工程领域的大量应用，我国学者对于探地雷达方法的理论研究亦逐渐深入，主要包括探地雷达数据处理方法、检测数据定量化解译、探地雷达正演模拟方法等方面。

1.2.2 探地雷达处理与解释现状

雷达波在地下介质中的传播过程十分复杂，各种噪声干扰严重，对噪声进行正确识别并提取有效信息是探地雷达数据解释的重要手段，而对雷达记录进行各种数据处理是关键。由于介质中电磁波的传播与地震波形式上相似，而且雷达数据剖面也与地震反射数据剖面类似，因此地震数据处理中的一些技术手段可以被探地雷达数据处理借鉴并改进。

探地雷达常规处理手段主要包括以下几个方面：

(1)多次叠加，用以压制随机噪声；

(2)单道记录与各道平均对比，用以压制相干噪声；

(3)时变增益，用以校正信号损失；

(4)频率域滤波，用以消除一定范围的干扰频率；

(5)反褶积处理，用以将雷达数据转换成反射系数序，并消除介质干扰、分辨层位；

(6)偏移处理，用以将雷达数据中的每个反射点移到其实际深度位置，使用该处理方法可以反映地下介质的真实情况，并消除直立体绕射以及散射产生的相干干扰。

近几年随着数字信号处理技术的发展，一些新方法也广泛应用于探地雷达数据处理与解释中。例如，小波变换具有时间域、频率域的双重局部性，可以用来压制噪声；在频率-波速域使用二维滤波可以达到去噪的目的；通过希尔伯特变换、波形分形等技术提取雷达波有效信息则可以提高分辨率；利用水平预测技术实现雷达信号水平噪声干扰的消除；根据雷达信号统计学特征去噪等。探地雷达数据处理流程图如图 1.1 所示。

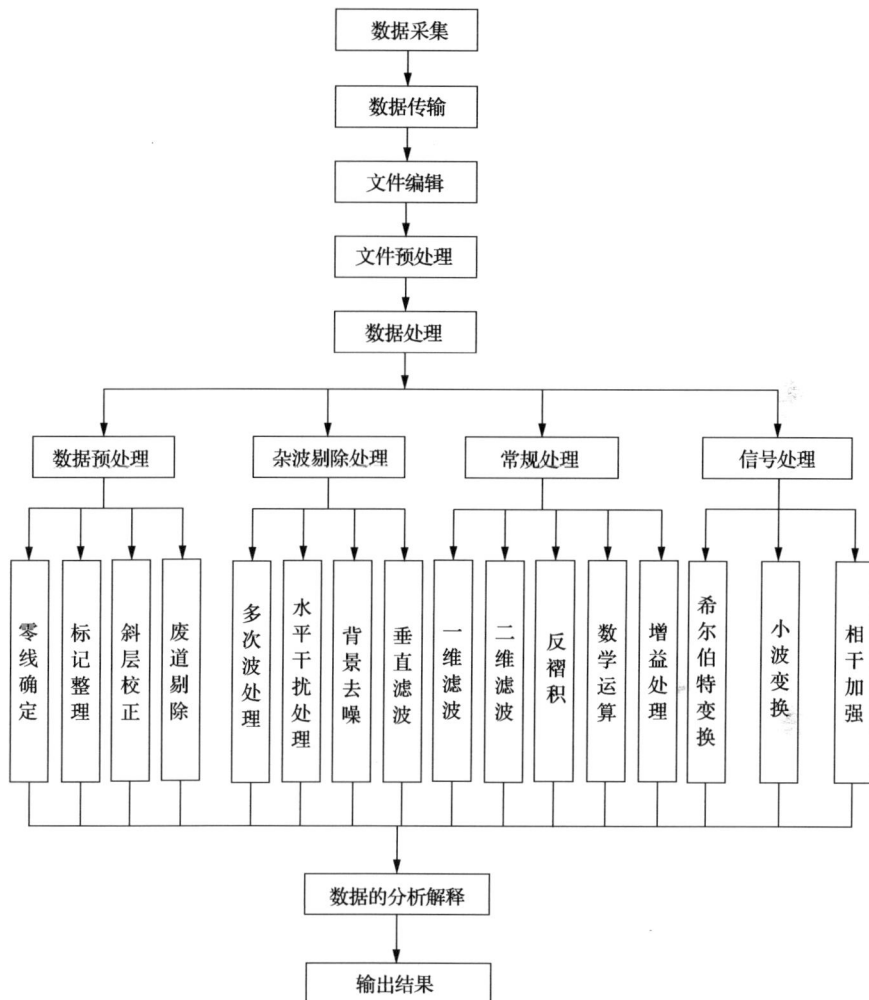

图 1.1 探地雷达数据处理流程图

探地雷达解释主要包括正演模型和反演模型。

正演模型方面。Burke 和 Miller（1984）采用磁矩法模拟了半空间线状物体的响应特征；Carcione（1996，1998）阐述了有耗介质中探地雷达波传播理论和二维横磁波（TM）及横电波（TE）模式波场的数值模拟；Cai 和 McMechan（1995）应用射线追踪法进行了二维介质中雷达波的传播与模拟研究。随着计算电磁学的发展，时间域有限差分法（FDTD）成为模拟计算探地雷达波传播的主要方法，同时有大量文章描述该技术在探地雷达正演模型的应用。我国研究人员在这方面也做了很多工作，沈飚等（1997）以脉冲子波为基础利用正演模型模拟出层状介质中的铺垫反射曲线，分析、解释了与之对应的公路路面下的铺垫结构；西安电子科技大学的詹毅利用 FDTD 研究了脉冲探地雷达在有耗、色散、不均匀土壤中的应用；岳建华、邓世坤、冯德山等利用 FDTD 对探地雷达进行了数值模拟，研究不同地电模型雷达波的响应特征；FDTD 的应用使探地雷达理论研究达到了一个新的高峰。

反演模型方面。德国人 Makky 提出了改进的反演模型，并用雷达数据标出介质中的目标体位置。我国文海玉等使用全局优化算法进行反演，并且将雷达观测数据与正演数据之差的平方和作为目标函数，通过该函数反演出被测介质的参数；王兆磊则利用探地雷达二维数据资料对地下介质的参数进行了反演。

同样地，探地雷达在其他领域中也有很多的应用与研究。Charlton（2001）通过控制实验，得到了雷达波对不同含水率土壤的响应特征。Pasquo 等（2007）通过探地雷达对埋藏在地下的导水管道进行探测并判断出了管道深度。Brandt 等（2009）使用三维时域有限差分算法建模，确定了数字模型可以用来探测冰穴位置。Forte 等（2010）使用多频率天线探测碳酸盐地层并对探地雷达图像特征进行分析，达到判断岩性的目的。Nectaria 和 David（2010）通过使用探地雷达对道路裂缝进行探测，研究了雷达波响应特征并建立了相应的数字模型。

1.2.3　土地整理及土壤质量研究现状

1. 土壤相关定义

土壤是由固相、液相和气相组成的多孔多相分散体系。组成土壤的基本物质主要有矿物质、有机质、水分、空气和生物等，土壤的固相主要由土壤矿物和土壤有机质组成。由于土壤的含水性、空隙率及电导性等物理特性与这些成分密切相关，因此可通过探地雷达探测土壤的物理特性，从而达到对土壤分类的目的。

土壤具有以下基本特性。

（1）土壤具有肥力，这是土壤区别于其他自然体的本质特征。土壤肥力是土壤母质在土壤演化过程中，受自然成土因素，或自然因素和人为因素的共同影响而形成的。土壤最基本的特性是具有肥力，因此，土壤能源源不断地供给植物生长发育所需的水分、养分、空气等物质。

（2）土壤资源数量的有限性。与光、热、水、气资源一样，土壤资源也称为可再生资源。但从土壤的数量来看，土壤资源又是不可再生的，是有限的自然资源。这是因为我们只有一个地球，地球上的陆地面积是有限的，陆地上被土壤覆盖的面积更是有限的，而且地球表面每形成 1cm 厚的土壤，需要 300 年或更长的时间。所以，它不是取之不尽、用之不竭的资源，而是一种有限的自然资源。由于受海陆分布、地形地势、气候、水分配和人口增加、城市扩展等多种因素的影响，我国土壤资源的现状是耕地土壤资源短缺，后备耕地土壤资源明显不足。土壤资源的有限性已成为制约我国经济和社会发展的重要因素。

(3)土壤资源质量的可变性。在成土过程中，植物、动物和微生物在不断地繁衍和死亡，土壤腐殖质在不断地合成和分解，土壤养分及其元素随着土壤水的运转，在不断地积聚或淋洗。土壤肥力就是在这种周而复始的循环和平衡中不断获得发育和提高。我国有数千年的农业生产史，这片广阔的土地养育了我们的祖祖辈辈，也将养育我们的子孙万代。所以说土壤资源是人类极其宝贵的财富。但是在破坏性自然力的作用下，或由于人类违背自然规律，破坏生态环境，滥用土壤，高强度、无休止地向土壤索取，土壤肥力必然会逐渐下降，甚至遭到严重破坏，这就是土壤质量的退化。人口压力和不合理的开发利用所造成的土壤资源的沙漠化、水土流失、土壤污染等问题在我国相当严峻。全球范围的植被萎缩、物种减少、土壤侵蚀、肥力丧失、耕地过载等现象也令人担忧。因此，可以说不仅土壤资源的数量是有限的，其质量也具有可变性。

土壤微观结构和土壤质量是土壤的两项基本物理性质。其中，土壤微观结构是土粒(单粒和复粒)的排列、组合形式。土壤质量包括土壤的物理参数和土壤的肥力情况等。

2. 土地整理及其发展

土地整理一词最早是在德国提出的，而将土地整理作为一个概念则是在 1886 年巴伐利亚立法中首次出现，巴伐利亚并据此设立了具有专门职能的土地整理机构。

土地整理历经三个阶段，16 世纪中叶至 19 世纪末，土地整理以有组织有规划地归并地块、调整权属，改善农业生产为主要形式；20 世纪初至 20 世纪 50 年代，土地整理以城市建设和基础设施建设为主要中心；20 世纪 60 年代至今，土地整理则以综合土地利用为主要形式。

现阶段土地整理的实质是将利用不充分的土地进行充分利用，将利用不合理的土地进行合理利用，从而最大限度地提高土地的集约利用水平和产出效率。我国现阶段土地整理可以划分为两大类：农地整理与市地整理。而土地整理的重点在农村地区：在一定区域内，依据土地利用总体规划与有关专项规划，对田、水、路、林、存等实行综合整治，调整土地关系，改善土地利用结构和生产、生活条件，增加可用土地面积的有效耕地面积，提高土地利用率和产出率。

1.2.4　土壤地球物理探测方法研究现状

土壤物理参数包括土壤的含水率、紧实度和电导率等。相比传统的土壤物理参数的测量方法，基于地球物理手段的探测方法具有便利性强、直观、快速和无损的特点。Wilford Gardner 和 Don Kirkham 早在 1952 年就提出使用中子散射的方法测量土壤的含水率。近几年土壤含水率主要使用 TDR 进行现场测量，Topp 等于 1985 年率先进行了这方面的研究。对于土壤电导率的测试，除了使用传统方法以外，地球物理手段主要通过对土壤施加外部电场来实现。近年来研究人员又发明了频率域反射法(frequency domain reflectometry)进行测量，很多现场探测仪器是基于这两种方法制造的。土壤紧实度主要通过一些能测量不同深度下穿透土壤所需压力值的仪器来测量，不应属于地球物理范畴。

1.2.5　神经网络技术的发展

神经网络技术的研究始于 20 世纪 40 年代，历经兴起、高潮、反思、再高潮及稳步发展五个时期，目前已被广泛应用。人工神经网络(ANN)起源于 20 世纪 40 年代，心理学家 McCullon 和数学家 Pitts 提出了人工神经网络的第一个数学模型，从此开创了神经科学理论研究时代。计算机科学家 Rosenblatt(1957)提出了著名的感知器模型，该模型是现代计算机设计的基础，也是首个完整意义的神经网络。循环网络概念被美国生物物理学家 Hopfield(1982)提出，该概念描述了人工神经网络与动力学的关系，指出信息被存放在网络中神经元的连接上。Hopfield 又设计了后来被人们称为 Hopfield 网的电路，找到了最佳解的近似解并成功解决了最短路径(TSP)问题，对神经网络工程实现具有重要的指导意义。1986 年，美国加利福尼亚大学圣迭戈分校成立的并行分布处理小组提出了多层网络学习算法——BP(back propagation)算法，成为至今为止影响最大的一种网络学习方法，该方法较好地解决了多层网络的学习问题。Hechtnielsen(1987)提出了传播神经网络；Chua 和 Yang(1988)提出了细胞神经网络模型。

20 世纪 90 年代初，诺贝尔奖获得者 Edelman 提出 Darwinism 模型，并建立了神经网络系统理论。Aihara 等提出经典的混沌神经元模型。Hertz 等(1991)探讨了神经计算理论，该理论对神经网络的计算复杂性分析具有重要意义；Inoue 和 Fukushima(1992)提出用耦合的混沌振荡子作为某个神经元构造混沌神经网络模型，为混沌神经网络模型的广泛应用指明了道路；Holland(1992)用模拟生物进化的方式提出了遗传算法，用来求解复杂优化问题；方建安和邵世煌(1993)采用遗传算法学习研究神经网络控制器，获得了一些结果；Angeline 等(1994)在前人进化策略理论的基础上，提出一种进化算法来建立反馈神经网络，成功地应用到模式识别、自动控制等方面；廖晓昕(1994)对细胞神经网络建立了新的数学理论和方法，得到了一系列结果。Buckley 和 Hayashi(1994)根据动物大脑中出现的振荡现象，提出了振荡神经网络。Mitra 和 Kuncheva(1995)将人工神经网络与模糊逻辑理论、生物细胞学说以及概率论相结合提出了模糊神经网络，使得神经网络的研究取得了突破性进展；Jenkins(1995)研究光学神经网络，建立了光学二维并行互联与电子学混合的光学神经网络，它能避免网络陷入局部最小值，并最后可达到或接近最理想的解；Shuai 等(1996)模拟人脑的自发展行为，在讨论混沌神经网络的基础上提出了自发展神经网络；董聪等(1997，1998)创立和完善了广义遗传算法，解决了多层前向网络的最简拓扑构造问题和全局最优逼近问题。

1.3　本书的内容安排

本书重点介绍探地雷达相关的基本理论、土壤物理模型雷达波传播规律及特征、土壤物性识别算法和土壤级别分类器算法模型，最后对基于探地雷达的土地整理质量检测关键技术进行展望。本书力求对探地雷达方面的应用人员、研究人员以及土地整理工程技术人员均有参考价值。

第 1 章主要介绍了基于探地雷达的土地整理质量检测关键技术研究的必要性以及相关的国内外发展现状。

第 2 章介绍探地雷达理论基础。

第 3 章从物理模型的建立出发，介绍土壤物理模型雷达波传播规律及特征。

第 4 章通过自回归移动平均模型(ARMA)功率谱及其改进算法，对不同频率范围内的谱值和物理参数进行对比，介绍紧实度、含水率、电导率和功率谱特征的相关程度关系。

第 5 章主要通过介绍神经网络理论基础、BP 神经网络分类器，对经过功率谱分析的雷达数据使用 BP 神经网络进行训练，将不同物理参数条件下的雷达功率谱数据进行训练，最终按照土壤参数进行分类。

第 6 章提出了本书中探地雷达在土地整理质量检测中的一些不足，并针对这些不足提出以后可以改进的地方。

参 考 文 献

陈龙乾, 邓喀中, 徐黎华, 等. 1999. 矿区复垦土壤质量评价方法. 中国矿业大学学报, 28(5): 449-452.

陈义群, 肖柏勋. 2005. 论探地雷达的现状与发展. 工程地球物理学报, 2(2): 149-155.

崔凡. 2012. 基于探地雷达的土地整理质量检测关键技术研究. 北京: 中国矿业大学(北京).

戴前伟, 冯德山, 王启龙, 等. 2004. 时域有限差分在探地雷达维位正演模拟中的应用. 地球物理学进展, 19(4): 898-902.

邓世坤. 1993. 探地雷达图像的正演合成与偏移处理. 地球物理学报, 36(4): 528-535.

董聪. 1997. 广义遗传算法. 中国神经计算科学大会, 南京: 458-465.

董聪. 1998. 广义遗传算法. 大自然探索, (1): 33-37.

方建安, 邵世煌. 1993. 采用遗传算法学习的神经网络控制器. 控制与决策, (3): 208.

冯德山. 2003. 探地雷达二维时域有限差分正演. 长沙: 中南大学.

冯德山, 戴前伟, 左德勤. 2004. 探地雷达二维时域有限差分正演. 勘察科学技术, 6: 35-37.

胡守仁, 沈清. 1993. 神经网络应用技术. 长沙: 国防科技大学出版社.

贾生华. 1999. 联邦德国的乡村土地整理. 北京: 中国农业出版社.

蒋宗礼. 2002. 人工神经网络导论. 北京: 高等教育出版社.

焦李成. 1993. 神经网络计算. 西安: 西安电子科技大学出版社.

孔令讲. 2003. 浅地层探地雷达信号处理算法的研究. 成都: 电子科技大学.

李才明, 王良书, 徐鸣洁, 等. 2006. 基于小波能谱分析的岩溶区探地雷达目标识别. 地球物理学报, 49(5): 1499-1504.

李华, 鲁光银, 何现启, 等. 2010. 探地雷达的发展历程及其前景探讨. 地球物理学进展, 4: 1492-1502.

李秀彬. 1999. 中国近 20 年来耕地面积的变化及其政策启示. 自然资源学报, 14(4): 329-333.

廖晓昕. 1994. 细胞神经网络的数学理论(Ⅰ). 中国科学, 37(9): 902-910.

陆群. 2003. 基于高阶累积量的探地雷达信号处理. 信号处理, 19(6): 583-585.

木林, 马秀荣. 2005. 人工神经网络的发展及应用. 呼伦贝尔学院学报, 3: 63-64.

沈飚, 石庆华, 孙忠良. 1997. 道路铺砌层中探地雷达波传播的正演模拟及应用. 石油地球物理勘探, (S1): 135-140,194.

唐大荣. 1995. 探地雷达数据的拟浅层地震资料处理. 物探化探计算技术, 17(3): 10-14.

王鸿斌, 张立毅. 2007. 人工神经网络的发展. 忻州师范学院学报, 2: 50-53.

王群, 倪宏伟, 徐毅刚. 2003. 基于小波能量特征的探雷方法研究. 数据采集与处理, 18(2): 156-160.

谢雄耀, 万明浩. 2000. 复信号分析技术在探地雷达信号处理中的应用. 物探化探计算技术, 22(2): 108-112.

薛桂霞, 王鹏. 2006. 探地雷达时域有限差分法正演模拟. 物探与化探, 30(3): 244-246.

杨峰. 2004. 探地雷达系统及其关键技术的研究. 北京: 中国矿业大学(北京).

杨峰, 彭苏萍. 2010. 地质雷达探测原理与方法研究. 北京: 科学出版社.

曾昭发, 高尔根. 2005. 三维介质中探地雷达(GPR)波传播逐段迭代射线追踪方法研究和应用. 吉林大学学报 (地球科学版), 35(7): 120-123.

詹毅. 2001. 复杂有耗色散地层中的 FDTD 方法以及在冲击探地雷达中的应用. 西安: 西安电子科技大学.

赵安兴, 蒋延生, 汪文秉. 2005. 独立分量分析在探地雷达信号处理中的应用初探. 煤田地质与勘探, 33(6): 64-67.

赵永辉, 吴建生, 万明浩. 2000. 多次叠加技术在探地雷达资料处理中的应用. 物探与化探, 24(3): 215-218.

赵永辉, 吴建生, 万明浩. 2001. 应用分形技术提取探地雷达高分辨率信息. 物探与化探, 25(1): 40-44.

邹海林, 宁书年, 林捷. 2004. 小波理论在探地雷达信号处理中的应用. 地球物理学进展, 19(2): 268-275.

Angeline P J, Saunders G M, Pollack J B. 1994. An evolutionary algorithm that constructs recurrent neural networks. IEEE Transactions on Neural Networks, 5(1): 54-65.

Baker G S, Jordan T E, Pardy J. 2007. An Introduction to Ground Penetrating Radar(GPR). Special Paper 432: Stratigraphic Analyses Using GPR.

Brandt O, Taurisano A, Giannopoulos A, et al. 2009. What can GPR tell us about cryoconite holes? 3D FDTD modeling, excavation and field GPR data. Cold Regions Science & Technology, 55(1): 111-119.

Buckley J J, Hayashi Y. 1994. Fuzzy neural networks: A survey. Fuzzy Sets & Systems, 66(1): 1-13.

Burke G, Miller E. 1984. Modeling antennas near to and penetrating a lossy interface. IEEE Transactions on Antennas & Propagation, 32(10): 1040-1049.

Cai J, McMechan G A. 1995. Ray-based synthesis of bistatic ground-penetrating radar profile. Geophysics, 60: 87-96.

Cai J, McMechan G A. 1999. 2-D ray-based tomography for velocity, layer shape, and attenuation from GPR data. Geophysics, 64: 1579-1593.

Carcione J M. 1996. Ground-penetrating radar: Wave theory and numerical simulation in lossy anisotropic media. Geophysics, 61 (6): 1664-1677.

Carcione J M. 1998. Radiation patterns for 2-D GPR forward modeling. Geophysics, 63 (2): 424-430.

Charlton M. 2001. Characterization of ground-penetrating radar (GPR) response in a variety of Earth materials under different moisture conditions. Proceedings of SPIE-the International Society for Optical Engineering, 4491: 288-299.

Chen L, Wang J, Fu B, et al. 2001. Land-use change in a small catchment of northern Loess Plateau, China. Agriculture, Ecosystems & Environment, 86 (2): 163-172.

Chua L O, Yang L. 1988. Cellular neural networks: Theory. IEEE Transactions on Circuits and Systems, 35 (10): 1257-1272.

Cook J C. 1975. Radar transparencies of mine and tunnel rocks. Geophysics, 40 (5): 865-885.

Corwin D L, Lesch S M, Oster J D, et al. 2006. Monitoring management-induced spatio-temporal changes in soil quality through soil sampling directed by apparent electrical conductivity. Geoderma, 131 (3-4): 369-387.

Daniels D J. 1999. System design of radar for mine detection. SPIE, 3752: 390-401.

Evans S. 1963. Radio techniques for the measurement of ice thickness. Polar Record, 11 (75): 795.

Forte E, Pipan M, Casabianca D, et al. 2010. 2D and 3D GPR imaging and characterization of a carbonate hydrocarbon reservoir analogue. Proceedings of the XIII International Conference on Ground Penetrating Radar, Lecce: 1-7.

Gardner W, Kirkham D. 1951. Determination of soil moisture by neutron scattering. Soil Science, 73: 391-401.

Goodman D. 1994. Ground-penetrating radar simulation in engineering and archeology. Geophysics, 59: 224-232.

Gürel L. 2000. Three-dimensional FDTD modeling of a ground-penetrating radar. IEEE Transactions on Geoscience and Remote Sensing, 38 (4): 1513-1521.

Hechtnielsen R. 1987. Counterpropagation networks. Applied Optics, 26 (23): 4979-4984.

Hertz J, Krogh A, Palmer R G. 1991. Introduction to the theory of neural computation. Physics Today, 44 (12): 70.

Holland J H. 1992. Genetic algorithms. Scientific American, 267: 66-73.

Holland R. 1994. Finite-difference time-domain (FDTD) analysis of magnetic diffusion. IEEE Transactions Electromagnetic Compatibility, 36 (1): 32-39.

Holliger K, Bergman T. 1993. Numerical modeling of borehole georadar data. Geophysics, 67: 1249-1257.

Hopfield J J. 1982. Neural networks and physical systems with emergent collective computational abilities. Proceedings of the National Academy of Sciences of the United States of America, 79 (8): 2554-2558.

Inoue M, Fukushima S. 1992. A neural network of chaotic oscillators: Progress letters. Progress of Theoretical Physics, 87 (3): 771-774.

Jenkins W M. 1995. Neural network-based approximations for structural analysis. The Fourth International Conference on the Application of Artificial Intelligence to Civil and Structural Engineering, England.

Kadaba P K. 1976. Penetration of 0.1GHz to 1.5GHz electromagnetic waves into the earth surface for remote sensing applications//Institute of Electrical and Electronics Engineers. Proceedings of the Southeast Region 3 Conference, New York: 48-50.

Mitra S, Kuncheva L I. 1995. Improving classification performance using fuzzy MLP and two-level selective partitioning of the feature space. Fuzzy Sets & Systems, 70 (1): 1-13.

Morey R M. 1974. Continuous subsurface profiling by impulse radar. Subsurface Explorations for Underground Excavation and Heavy Construction, American Society of Civil Engineers, New York: 213-232.

Nectaria D, David R. 2010. A study of GPR vertical crack responses in pavement using field data and numerical modelling. Journal of Orthopaedic Research, 21 (4): 17-21.

Pasquo B D, Pettinelli E, Vannaroni G, et al. 2007. Design and construction of a large test site to characterize the GPR response in the vadose zone. 2007 4th International Workshop on, Advanced Ground Penetrating Radar, Aula Magna Partenope: 106-109.

Peters L, Daniels J. 1994. Ground penetrating radar as a subsurface environmental sensing tool. Proceedings of the IEEE, 82(12): 180-182.

Roe K C, Ellerbruch D A. 1979. Development and testing of a microwave system to measure coal layer thickness up to 25 cm. National Bureau of Standards, Boulder, CO(USA).

Rosenblatt F. 1957. The perceptron, a perceiving and recognizing automaton. New York: Cornell Aeronautical Laboratory.

Scheers B. 2001. Ultra-wideband ground penetrating radar with application to the detection of anti personnel landmines. Brussels: Royal Military Academy.

Shuai J W, Chen Z X, Liu R T, et al. 1996. Self-evolution neural mode. Physics Letters A, 21: 311-316.

Steenson B O. 1951. Radar methods for the exploration of glaciers. Pasadena: California Institute of Technology.

Sudduth K, Drummond S, Kitchen N. 2001. Accuracy issues in electromagnetic induction sensing of soil electrical conductivity for precision agriculture. Computers and Electronics in Agriculture, 31(3): 239-264.

Topp G C, Davis J L, Anna A P. 1985. Measurement of soil water content using time‐domain reflectrometry (TDR): A field evaluation. Soil Science Society of America Journal, 49(1): 19-24.

Zheng J C, Shuai J W, Cheng Z K, et al. 1996. The analysis of the storage capacity of the complex phasor neural network using signal-to-noise theory. Chinese Journal of Quantum Electronics, 13(4): 373-377.

第2章 探地雷达理论基础

探地雷达是通过发射高频脉冲电磁波进行地下目标探测的技术方法。电磁波的产生及其传播规律是进行探地雷达数据处理与解释的基础。电磁波是通过变化的电场与变化的磁场相互激发在介质中进行传播并形成电磁场。作为探地雷达探测检测的理论基础，需要对介质(尤其是土壤)中的电磁场、电磁波的传播——波速、衰减、反射与折射的理论有一个基本的了解。

2.1 探地雷达的探测原理

探地雷达是一种快速、高效、无损探测的物探方法。常用的雷达探测方法主要有反射式探测和透射式探测两种。本书针对土壤物理参数的研究，多采用透射式探测，并配合一定的反射式探测。

反射式探测原理：反射式探测是雷达的发射天线和接收天线都放置于被测介质表面，通过向介质中发射高频宽带电磁波脉冲信号，并接收介质中有差异的地方所反射回的电磁波信号来实现探测的过程。反射式探地雷达采集原理如图 2.1 所示。

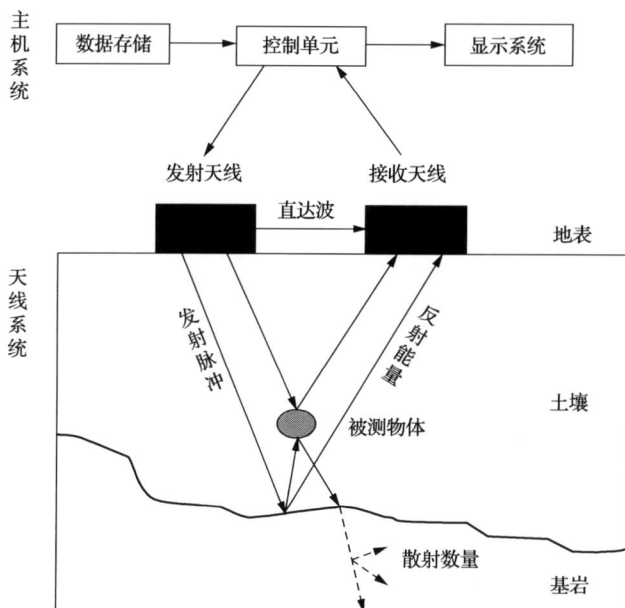

图 2.1　反射式探地雷达采集原理图

透射式探测原理：透射式探测是将雷达的发射与接收天线分别放置于介质体两侧进行探测，可在钻孔、巷道或其他介质中存在目标体的地方使用。透射式探测法可分为层析测量方式与剖面测量方式。

层析测量方式如图 2.2 所示，将发射天线(T)固定在某一深度，接收天线(R)自上向下(或自下向上)以一定间隔逐点移动进行探测，得出介质内部雷达响应特征的空间分布。接收天线与发射天线移动的间隔可根据成像精度的要求调整。

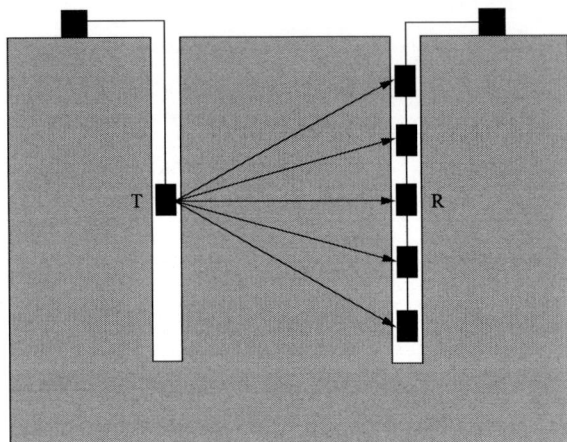

图 2.2　层析测量方式

剖面测量方式如图 2.3 所示，雷达发射天线和接收天线保持在同一高度上以相等的间隔同步移动，由此获得被探测介质体内部不同深度的有关雷达波响应特征的记录。在进行透射式探测时，对天线定位的准确度要求很高。在强吸收介质中，应保证发射天线和接收天线的距离在雷达波所能穿透的范围内。

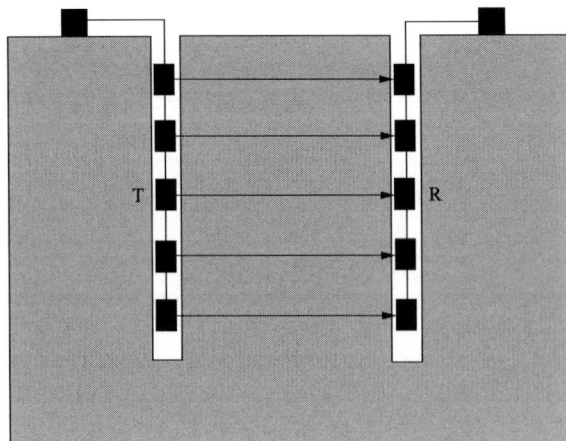

图 2.3　剖面测量方式

2.2　雷达波在土壤介质中的传播机理

2.2.1　电磁场与电磁波的传播方程

1. 麦克斯韦方程组与本构方程

电磁波的传播是由变化的电流所激发出变化的电场，变化的电场在其周围又激发出变化的磁场，变化的磁场又激发出变化的电场，如此相互交替激发，并且变化的磁场和电场在相互激发过程中由近及远传播出去形成电磁场的过程。麦克斯韦方程组(Maxwell's equations)反映了这种电场和磁场之间以及它们与电荷及电流之间的相互关系的普遍规律，麦克斯韦方程组描述了电磁场的运动学规律和动力学规律，是研究电磁理论的基本方程。

高频电磁波在任意介质中的传播服从麦克斯韦方程组的微分形式，即

$$\nabla \times \boldsymbol{E} = -\frac{\partial \boldsymbol{B}}{\partial t}, \quad \text{法拉第定律} \tag{2.1a}$$

$$\nabla \times \boldsymbol{H} = \boldsymbol{J} + \frac{\partial \boldsymbol{D}}{\partial t}, \quad \text{安培电流环路定律} \tag{2.1b}$$

$$\nabla \cdot \boldsymbol{D} = \rho, \quad \text{电场高斯定律} \tag{2.1c}$$

$$\nabla \cdot \boldsymbol{B} = 0, \quad \text{磁场高斯定律} \tag{2.1d}$$

式中，$\boldsymbol{E}$ 为电场强度(V/m)；$\boldsymbol{J}$ 为电流密度(A/m^2)；ρ 为电荷密度(C/m^3)；$\boldsymbol{D}$ 为电位移(C/m^2)；$\boldsymbol{B}$ 为磁感应强度(T)；$\boldsymbol{H}$ 为磁场强度(A/m)。

其中由麦克斯韦引入的 $\frac{\partial \boldsymbol{D}}{\partial t}$ 可称为位移电流密度 $\boldsymbol{J}_{\mathrm{d}}$，即

$$\boldsymbol{J}_{\mathrm{d}} = \frac{\partial \boldsymbol{D}}{\partial t} \tag{2.2}$$

式(2.1a)、式(2.1b)和式(2.1c)是独立方程，而式(2.1d)和式(2.2)是由独立方程导出的，称为辅助方程或相关方程。

本构关系是指电场场量与磁场场量之间的关系，该关系取决于电磁场所在介质的性质。本构关系确定了简单介质的麦克斯韦方程组的定解形式，对于简单介质，麦克斯韦方程组可以写成

$$\boldsymbol{J} = \sigma \boldsymbol{E} \tag{2.3a}$$

$$\boldsymbol{D} = \varepsilon \boldsymbol{E} \tag{2.3b}$$

$$\boldsymbol{B} = \mu \boldsymbol{H} \tag{2.3c}$$

式中，ε 为介电常数(F/m)；μ 为磁导率(H/m)；σ 为电导率(S/m)。

从本构关系可以看出：$\boldsymbol{E}$ 和 $\boldsymbol{B}$ 是实际独立的矢量场，而 $\boldsymbol{D}$ 和 $\boldsymbol{H}$ 是引出的非独立的矢量场，因此，两个实际矢量场 $\boldsymbol{E}$ 和 $\boldsymbol{B}$ 的运动规律被麦克斯韦方程组的旋度方程组和散度方程组描述出来。结合介质的本构关系，可以把麦克斯韦方程组微分形式写成只含有两个矢量场的形式：

$$\nabla \times \boldsymbol{E} = -\mu \frac{\partial \boldsymbol{H}}{\partial t} \tag{2.4a}$$

$$\nabla \times \boldsymbol{H} = \varepsilon \frac{\partial \boldsymbol{E}}{\partial t} + \boldsymbol{J} \tag{2.4b}$$

$$\nabla \cdot (\mu \boldsymbol{H}) = 0 \tag{2.4c}$$

$$\nabla \cdot (\varepsilon \boldsymbol{E}) = \rho \tag{2.4d}$$

这个已包含本构关系在内的方程组称为限定形式的麦克斯韦方程组。

2. 电磁场的波动方程

麦克斯韦方程组描述了电场和磁场随时间相互耦合变化，并且在电场和磁场的相互激励中形成了电磁波的传播过程，这便是电磁波的波动。

对麦克斯韦方程组中的式(2.4a)和式(2.4b)两边取一次旋度，相互代入后可得

$$\nabla \times \nabla \times \boldsymbol{H} + \mu\varepsilon \frac{\partial^2 \boldsymbol{H}}{\partial t^2} = \nabla \times \boldsymbol{J} \tag{2.5a}$$

$$\nabla \times \nabla \times \boldsymbol{E} + \mu\varepsilon \frac{\partial^2 \boldsymbol{E}}{\partial t^2} = -\mu \frac{\partial \boldsymbol{J}}{\partial t} \tag{2.5b}$$

再根据 $\nabla \times \nabla \times F = \nabla(\nabla \cdot F) - \nabla^2 F$，$F$ 为位场函数，并将式(2.4c)和式(2.4d)代入，得

$$\nabla^2 \boldsymbol{E} - \mu\varepsilon \frac{\partial^2 \boldsymbol{E}}{\partial t^2} = \mu \frac{\partial \boldsymbol{J}}{\partial t} + \frac{1}{\varepsilon} \nabla \rho \tag{2.6a}$$

$$\nabla^2 \boldsymbol{H} - \mu\varepsilon \frac{\partial^2 \boldsymbol{H}}{\partial t^2} = -\nabla \times \boldsymbol{J} \tag{2.6b}$$

式(2.6a)和式(2.6b)称为电磁场的非齐次波动方程，其中

$$\boldsymbol{J} = \boldsymbol{J}' + \sigma \boldsymbol{E} \tag{2.7}$$

式中，$\boldsymbol{J}'$ 为非电性外加源等效电流；$\sigma \boldsymbol{E}$ 为传导电流。

又根据电流连续性方程：

$$\nabla \cdot \boldsymbol{J} = -\frac{\partial \rho}{\partial t} \tag{2.8}$$

在 $\boldsymbol{J}' = 0$，即介质线性、均匀且各向同性时式(2.6a)和式(2.6b)可简写为

$$\nabla^2 \boldsymbol{E} - \mu\varepsilon \frac{\partial^2 \boldsymbol{E}}{\partial t^2} - \sigma\mu \frac{\partial \boldsymbol{E}}{\partial t} = 0 \tag{2.9a}$$

$$\nabla^2 \boldsymbol{H} - \mu\varepsilon \frac{\partial^2 \boldsymbol{H}}{\partial t^2} - \sigma\mu \frac{\partial \boldsymbol{H}}{\partial t} = 0 \tag{2.9b}$$

式(2.9a)和式(2.9b)为齐次波动方程，$\boldsymbol{E}$ 和 $\boldsymbol{H}$ 一般可有 3 个分量，且每一个分量还可以是三维坐标变量 (x, y, z) 及时间 t 的函数。

在无损介质(即电导率 $\sigma = 0$)中，式(2.9a)和式(2.9b)可简化为

$$\nabla^2 \boldsymbol{E} - \mu\varepsilon \frac{\partial^2 \boldsymbol{E}}{\partial t^2} = 0 \tag{2.10a}$$

$$\nabla^2 \boldsymbol{H} - \mu\varepsilon \frac{\partial^2 \boldsymbol{H}}{\partial t^2} = 0 \tag{2.10b}$$

考虑一维空间情况：即 $E_z = H_z = 0$，且与 x、y 无关，即 $\frac{\partial}{\partial x} = \frac{\partial}{\partial y} = 0$，令电场强度方向为 x 方向，即 $\boldsymbol{E}$ 只有 E_x 分量，则式(2.10a)可简写为

$$\frac{\partial^2 E_x}{\partial z^2} = \mu\varepsilon \frac{\partial^2 E_x}{\partial t^2} \tag{2.11}$$

式(2.11)的通解为

$$E_x = f_1(z - vt) + f_2(z + vt) \tag{2.12}$$

式中，$v = \dfrac{1}{\sqrt{\mu\varepsilon}}$，相应的 $\boldsymbol{H}$ 可由麦克斯韦方程得出。

$f_{1,2}(z \pm vt)$ 是时间 t 和距离 z 的函数，在某个时刻 $t = t_1$，$f_1(z - vt_1)$ 是 z 的函数，如图 2.4(a)所示，当 t 由 t_1 增大到 $t_2 = t_1 + \Delta t$ 后，$f_1(z - vt_2)$ 仍为 z 的同形函数，仅仅是在 z 轴上向 $+z$ 方向移动了距离 $v\Delta t$，如图 2.4(b)所示。这表明 $f_1(z - vt)$ 表示一个向 $+z$ 方向以速度 v 传播的波，同理，$f_2(z + vt)$ 表示一个向 $-z$ 方向以速度 v 传播的波。可见电磁场以电磁波的形式存在，波动方程表征了电磁波的传播方式。

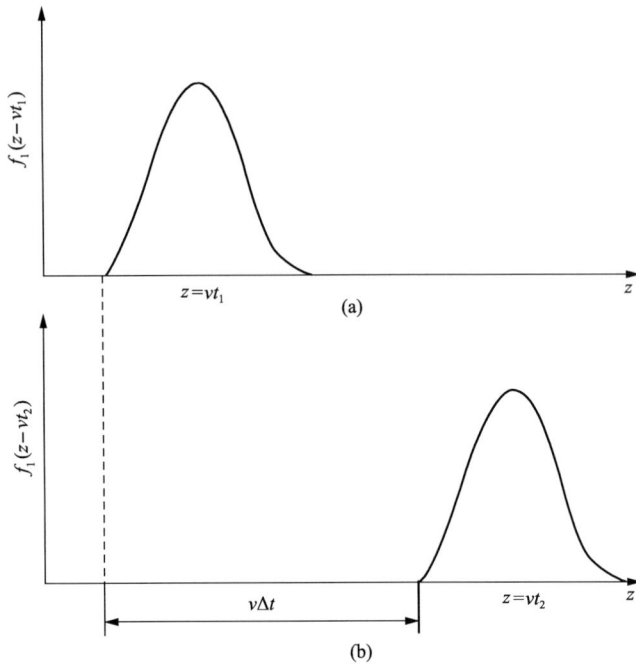

图 2.4　沿+z 方向传播的波

3. 平面波在介质中的传播

探地雷达利用发射天线产生的电磁场能量以电磁波的形式在介质中传播，按波面形状，电磁波可分为平面波、柱面波和球面波。平面波具有电磁波的最基本性质，一般远离场源的较小范围内的电磁波都可以看成平面波。同时，探地雷达发射的高频脉冲电磁波可以通过傅里叶变换进行分解，将电磁脉冲分解成一系列不同频率的谐波组合，这些谐波的传播一般都可以近似为平面波的传播形式。因此，研究平面波在介质中的传播规律，用以作为雷达波传播的理论基础。

1) 理想介质中的均匀平面波

平面波是等相位面为平面的波，若其等相位面场量振幅处处相等则为均匀平面波。均匀平面波的矢量场是时间 t 的函数，在空间坐标上可以仅与波前面所在位置的坐标相关。

设均匀平面波沿 z 轴传播，其波前面为垂直于 z 轴的平面，则

$$E = E(z,t)，\quad H = H(z,t) \tag{2.13}$$

由于 $\nabla^2 = \dfrac{\partial^2}{\partial z^2}$，则可将式(2.10a)和式(2.10b)简化为一维齐次波动方程：

$$\frac{\partial^2 E(z,t)}{\partial z^2} = \frac{1}{v^2}\frac{\partial^2 E(z,t)}{\partial t^2} \tag{2.14a}$$

$$\frac{\partial^2 H(z,t)}{\partial z^2} = \frac{1}{v^2}\frac{\partial^2 H(z,t)}{\partial t^2} \tag{2.14b}$$

方程中，$v = \dfrac{1}{\sqrt{\mu\varepsilon}}$，且其中每个场量可拥有 3 个分量，但每个分量仅是 (z,t) 的函数。将式 (2.13) 再代入麦克斯韦第一、第二方程，可得出 6 个分量并非完全相互独立。

例如，将 $\dfrac{\partial}{\partial x} = \dfrac{\partial}{\partial y} = 0$，代入方程 $\nabla \times \boldsymbol{E} = -\mu\dfrac{\partial \boldsymbol{H}}{\partial t}$ 中，得

$$\nabla \times \boldsymbol{E} = \begin{vmatrix} a_x & a_y & a_z \\ \dfrac{\partial}{\partial x} & \dfrac{\partial}{\partial y} & \dfrac{\partial}{\partial z} \\ E_x & E_y & E_z \end{vmatrix} = -a_x\frac{\partial E_y}{\partial z} + a_y\frac{\partial E_x}{\partial z} = -\mu\frac{\partial \boldsymbol{H}}{\partial t}$$

$$= a_x - \mu\frac{\partial H_x}{\partial t} + a_y - \mu\frac{\partial H_y}{\partial t} + a_z - \mu\frac{\partial H_z}{\partial t}$$

上式中等号左右两边各分量应相等，于是得

$$-\frac{\partial E_y}{\partial z} = -\mu\frac{\partial H_x}{\partial t} \tag{2.15a}$$

$$\frac{\partial E_x}{\partial z} = -\mu\frac{\partial H_y}{\partial t} \tag{2.15b}$$

$$-\mu\frac{\partial H_z}{\partial t} = 0 \tag{2.15c}$$

同样地，把 $\dfrac{\partial}{\partial x} = \dfrac{\partial}{\partial y} = 0$ 代入 $\nabla \times \boldsymbol{H} = \varepsilon\dfrac{\partial \boldsymbol{H}}{\partial t}$，可以得到

$$-\frac{\partial H_y}{\partial z} = \varepsilon\frac{\partial E_x}{\partial t} \tag{2.16a}$$

$$\frac{\partial H_x}{\partial z} = \varepsilon\frac{\partial E_y}{\partial t} \tag{2.16b}$$

$$\varepsilon\frac{\partial E_z}{\partial t} = 0 \tag{2.16c}$$

根据式(2.15c)和式(2.16c)，如果排除时间 t 为定值分量的影响，则 $E_z(z,t)=0$，$H_z(z,t)=0$，电场和磁场都没有 a_z 方向分量。再由式(2.15b)、式(2.16a)，可得到 $E_x(z,t)$ 与 $H_y(z,t)$ 的联立方程组：

$$\frac{\partial E_x(z,t)}{\partial z} = -\mu \frac{\partial H_y(z,t)}{\partial t} \tag{2.17a}$$

$$-\frac{\partial H_y(z,t)}{\partial z} = \varepsilon \frac{\partial E_x(z,t)}{\partial t} \tag{2.17b}$$

因此，$E_x(z,t)$ 与 $H_y(z,t)$ 只可组成一组相互独立的分量波。

同样地，由式(2.15a)和式(2.16b)可得

$$\frac{\partial H_x(z,t)}{\partial z} = -\mu \frac{\partial E_y(z,t)}{\partial t} \tag{2.18a}$$

$$-\frac{\partial E_y(z,t)}{\partial z} = \varepsilon \frac{\partial H_x(z,t)}{\partial t} \tag{2.18b}$$

由以上分析，沿 z 方向传播的均匀平面波，其电场和磁场都没有平行于传播方向(z 轴)上的分量，即 $E_z=0$，$H_z=0$，只有垂直于传播方向(横向)的分量，如 E_x、E_y、H_x、H_y，因此称这些电磁波为横电磁波(TEM 波)。

$E_x(z,t)$ 和 $H_y(z,t)$、$E_y(z,t)$ 和 $H_x(z,t)$ 分别为两组相互独立的分量波，均为垂直传播分量，由于具有结构相似性，只需要研究其中一组便可得到平面波的规律性。

设 $E=E_x(z,t)$ 和 $H=H_y(z,t)$，代入式(2.13)的波动方程，得到一维空间的标量齐次波动方程：

$$\frac{\partial^2 E_x(z,t)}{\partial z^2} = \frac{1}{v^2} \frac{\partial^2 E_z(z,t)}{\partial t^2} \tag{2.19a}$$

$$\frac{\partial^2 H(z,t)}{\partial z^2} = \frac{1}{v^2} \frac{\partial^2 H(z,t)}{\partial t^2} \tag{2.19b}$$

其电场分量为

$$E_x(z,t) = f_1(t-z/v) + f_2(t+z/v) = E_x^+(z,t) + E_x^-(z,t) \tag{2.20}$$

式中，$E_x^+(z,t)$ 为入射波，沿 z 轴正方向传播；$E_x^-(z,t)$ 为反射波，沿 z 轴负方向传播，并且都以速度 v 传播，其中波速 v 由介质的电导率和介电常数决定。

磁场分量的解同样可以表示为入射波和反射波相加的形式：

$$H_y(z,t) = H_y^+(z,t) + H_y^-(z,t) \tag{2.21a}$$

把入射波的电场和磁场分量 $E_x^+(z,t)$、$H_y^+(z,t)$ 代入式 (2.17a)，得

$$\frac{\partial H_y^+(z,t)}{\partial t} = -\frac{1}{\mu}\frac{\partial E_x^+(z,t)}{\partial z} = -\frac{1}{\mu}f_1'(t-z/v)\left(-\frac{1}{v}\right) = \frac{1}{\mu v}f_1'(t-z/v) \tag{2.21b}$$

式中，$f_1'(t-z/v)$ 是 $f_1(t-z/v)$ 对 $t-z/v$ 的一阶导数。

将式 (2.21b) 对时间 t 积分，并略去与 t 无关的恒定分量，得

$$H_y^+(z,t) = \int \frac{1}{\mu v}f_1'(t-z/v)\mathrm{d}t = \frac{1}{\mu v}f_1(t-z/v) = \frac{E_z^+(z,t)}{\mu v} \tag{2.21c}$$

则入射波电场与磁场的比为

$$\frac{E_z^+(z,t)}{H_y^+(z,t)} = \mu v = \frac{\mu}{\sqrt{\mu\varepsilon}} = \sqrt{\frac{\mu}{\varepsilon}} = \eta \tag{2.22}$$

式中，$\eta = \sqrt{\dfrac{\mu}{\varepsilon}}$ 为介质的本征波阻抗 (Ω)。在理想均匀介质中 η 为一个常数；"+" 表示 a_x 方向的分量 $E_x^+(z,t)$ 和 a_y 方向的分量 $H_y^+(z,t)$ 才能组成一组沿 z 轴正方向传播的电磁波。

同理，将反射波 $E_x^-(z,t)$ 和 $H_y^-(z,t)$ 代入式 (2.17a) 和式 (2.17b)，得

$$\frac{E_x^-(z,t)}{H_y^-(z,t)} = -\eta \tag{2.23}$$

式中，"–" 表示 a_x 方向的分量 $E_x^-(z,t)$ 和 $-a_y$ 方向的分量 $H_y^-(z,t)$ 才能组成一组沿 z 轴负方向传播的电磁波。

如果组成均匀平面波的电场量和磁场量随时间 t 作简谐变化，则式 (2.14a) 和式 (2.14b) 的复数形式为

$$\frac{\mathrm{d}^2 \dot{E}_x(z)}{\mathrm{d}z^2} = -\omega^2\mu\varepsilon\dot{E}_x(z) = \gamma^2\dot{E}_x(z) \tag{2.24a}$$

$$\frac{\mathrm{d}^2 \dot{H}_y(z)}{\mathrm{d}z^2} = \gamma^2\dot{H}_y(z) \tag{2.24b}$$

式中，$\gamma^2 = -\omega^2\mu\varepsilon$ 或 $\gamma = \mathrm{j}\omega\sqrt{\mu\varepsilon} = \mathrm{j}\beta$，$\beta = \omega\sqrt{\mu\varepsilon}$，为传播常数，在理想介质中 γ 是纯虚数，ω 为角频率，β 为相位常数（rad/m）。式（2.24a）和式（2.24b）是一维常微分方程，其解为

$$\dot{E}_x(z) = \dot{E}_{x0}^+ \mathrm{e}^{-\gamma z} + \dot{E}_{x0}^- \mathrm{e}^{+\gamma z}$$

$$\dot{H}_y(z) = \dot{H}_{y0}^+ \mathrm{e}^{-\gamma z} + \dot{H}_{y0}^- \mathrm{e}^{+\gamma z}$$

$$(2.25)$$

式中，H_{y0}^+ 为沿 z 轴正向传播的电磁波的磁场幅值；H_{y0}^- 为沿 z 轴负向传播的电磁波的磁场幅值；E_{x0}^+ 为沿 z 轴正向传播的电磁波的电场幅值；E_{x0}^- 为沿 z 轴负向传播的电磁波的电场幅值。

同样地，入射波电场与磁场的比值仍然是一个常数，即

$$\frac{\dot{E}_x^+(z)}{\dot{H}_x^+(z)} = \frac{\dot{E}_{x0}^+ \mathrm{e}^{-\gamma z}}{\dot{H}_{x0}^+ \mathrm{e}^{-\gamma z}} = \eta , \quad \frac{\dot{E}_x^-(z)}{\dot{H}_x^-(z)} = \frac{\dot{E}_{x0}^- \mathrm{e}^{\gamma z}}{\dot{H}_{x0}^- \mathrm{e}^{\gamma z}} = -\eta \tag{2.26}$$

如果要求电磁场量的瞬时值，可将复振幅乘时间因子 $\mathrm{e}^{\mathrm{j}\omega t}$，并取其实部（或虚部）。以入射波 $E_x^+(z,t)$ 和 $H_y^+(z,t)$ 为例，令 $z=0$ 处、$t=0$ 时刻的电场复数有效值 $\dot{E}_{x0}^+ = E_{x0}^+\angle\phi_\mathrm{e}$（$E_{x0}^+$ 为常数，ϕ_e 为初相位），则有

$$E_x^+(z,t) = a_x \mathrm{Re}\left(\sqrt{2}E_{x0}^+ \mathrm{e}^{\mathrm{j}\phi_\mathrm{e}} \mathrm{e}^{-\mathrm{j}\beta z} \mathrm{e}^{\mathrm{j}\omega t}\right) = a_x\sqrt{2}E_{x0}^+ \cos(\omega t - \beta z + \phi_\mathrm{e}) \quad (2.27\mathrm{a})$$

$$H_y^+(z,t) = a_y\frac{\sqrt{2}E_{x0}^+}{\eta}\cos(\omega t - \beta z + \phi_\mathrm{e}) \tag{2.27b}$$

因此，在 t 时刻：$E_x^+(z,t)$、$H_y^+(z,t)$ 沿 z 轴的分布如图 2.5 所示，电场和磁场的振幅为常数，即沿 z 轴没有衰减，电场与磁场矢量方向相互垂直，且电场、磁场和波的传播方向符合右手定则。

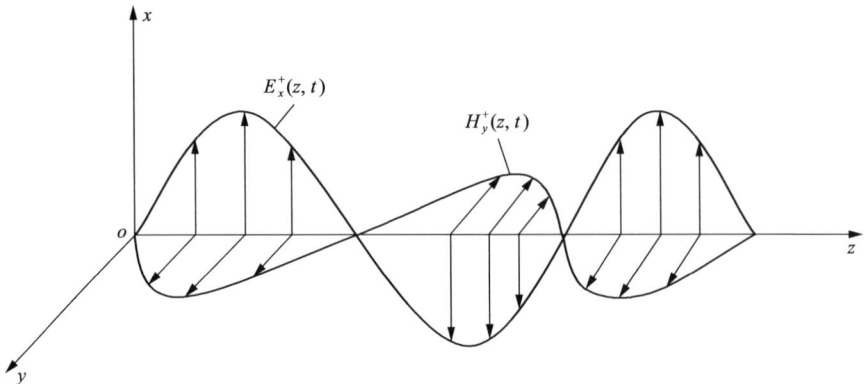

图 2.5　理想介质中的均匀平面波

这里，电场与磁场相位相等，都是 $\phi_p = \omega t - \beta z + \phi_e$。在等相位面上，有

$\dfrac{\mathrm{d}\phi_p}{\mathrm{d}t} = 0$，即 $\omega - \beta \dfrac{\mathrm{d}z}{\mathrm{d}t} = 0$，所以：

$$v_p = \frac{\mathrm{d}z}{\mathrm{d}t} = \frac{\omega}{\beta} = \frac{\omega}{\omega\sqrt{\mu\varepsilon}} = \frac{1}{\sqrt{\mu\varepsilon}} \tag{2.28}$$

式中，v_p 为相速度，表示等相位面在 z 轴正方向上移动的速度，在理想介质中，v_p 是角频率 ω 的函数。电磁波在一个周期 T 内传播的距离为波长 λ，则周期 T、频率 f、角频率 ω、相速度 v_p 与相位常数 β 之间的关系为

$$T = \frac{1}{f} = \frac{2\pi}{\omega}, \quad \lambda = v_p T = \frac{2\pi}{\beta}$$

2) 普通介质中平面波的传播情况

探地雷达探测主要针对的是非理想条件下的有耗介质，在导电介质中电导率 $\sigma \neq 0$，相对介电常数大于 1。介质不仅损耗电磁波的能量，也影响电磁波的波速。由欧姆定律 $\boldsymbol{J} = \sigma\boldsymbol{E} \neq 0$，可导出麦克斯韦方程组的复数形式：

$$\nabla \times \dot{H} = \sigma\dot{E} + \mathrm{j}\omega\varepsilon E = \mathrm{j}\omega\varepsilon\left(1 - \mathrm{j}\frac{\sigma}{\omega\varepsilon}\right)\dot{E} \tag{2.29a}$$

$$\nabla \times \dot{E} = -\mathrm{j}\omega\mu\dot{H} \tag{2.29b}$$

$$\nabla \cdot \dot{H} = 0 \tag{2.29c}$$

$$\nabla \cdot \dot{E} = 0 \tag{2.29d}$$

令（理想介质麦克斯韦方程组）

$$\varepsilon_c = \varepsilon\left(1 - \mathrm{j}\frac{\sigma}{\omega\varepsilon}\right) \tag{2.29e}$$

ε_c 为复数介电常数，则式 (2.29a) 改写为

$$\nabla \times \dot{H} = \mathrm{j}\omega\varepsilon_c\dot{E} \tag{2.29f}$$

式 (2.29f) 是理想介质中的方程形式，用复数介电常数 ε_c 代替 ε，均匀平面波在理想介质中成立的方程及公式可应用于导电介质条件下。

设电磁波沿 z 轴传播，且只考虑独立分量波 E_x 和 H_y，在导电介质中，波动方程[式 (2.25)]可以简化为

$$\frac{\mathrm{d}^2\dot{E}_x(z)}{\mathrm{d}z^2} = -\omega^2\mu\varepsilon_\mathrm{c}\dot{E}_x(z) = \gamma^2\dot{E}_x(z) \tag{2.30a}$$

$$\frac{\mathrm{d}^2\dot{H}_y(z)}{\mathrm{d}z^2} = \gamma^2\dot{E}_y(z) \tag{2.30b}$$

传播常数 $\gamma^2 = -\omega^2\mu\varepsilon$ 是复数，令

$$\gamma = \alpha + \mathrm{j}\beta \tag{2.31}$$

则

$$\alpha = \omega\sqrt{\frac{\mu\varepsilon}{2}\left[\sqrt{1+\left(\frac{\sigma}{\omega\varepsilon}\right)^2}-1\right]} \tag{2.32}$$

$$\beta = \omega\sqrt{\frac{\mu\varepsilon}{2}\left[\sqrt{1+\left(\frac{\sigma}{\omega\varepsilon}\right)^2}+1\right]} \tag{2.33}$$

式中，实部 α 为衰减系数（dB/m）；虚部 β 为相位常数（rad/m）。

式（2.30a）和式（2.30b）的解为

$$\dot{E}_x(z) = \dot{E}_{x0}^+\mathrm{e}^{-\gamma z} + \dot{E}_{x0}^+\mathrm{e}^{+\gamma z} = \dot{E}_{x0}^+\mathrm{e}^{-\alpha z}\mathrm{e}^{-\mathrm{j}\beta z} + \dot{E}_{x0}^-\mathrm{e}^{\alpha z}\mathrm{e}^{\mathrm{j}\beta z} \tag{2.34a}$$

$$\dot{H}_y(z) = \dot{H}_{y0}^+\mathrm{e}^{-\gamma z} + \dot{H}_{y0}^-\mathrm{e}^{+\gamma z} = \frac{1}{\eta_\mathrm{c}}(\dot{E}_{x0}^+\mathrm{e}^{-\alpha z}\mathrm{e}^{-\mathrm{j}\beta z} - \dot{E}_{x0}^-\mathrm{e}^{\alpha z}\mathrm{e}^{\mathrm{j}\beta z}) \tag{2.34b}$$

由于电场强度与磁场强度在导电介质中的相位不同，本征波阻抗 η_c 为复数：

$$\eta_\mathrm{c} = \sqrt{\frac{\mu}{\varepsilon_\mathrm{c}}} = \sqrt{\frac{\mu}{\varepsilon\left(1-\mathrm{j}\dfrac{\sigma}{\omega\varepsilon}\right)}} = \frac{\eta}{\sqrt{1-\mathrm{j}\dfrac{\sigma}{\omega\varepsilon}}} = |\eta_\mathrm{c}|\angle\varphi \tag{2.35}$$

式中，$\eta = \sqrt{\mu/\varepsilon}$；$\varphi$ 为本征波阻抗相位角。

电磁波的相速度为

$$v_\mathrm{p} = \frac{\omega}{\beta} = \frac{1}{\sqrt{\mu\varepsilon}}\frac{1}{\sqrt{\dfrac{1}{2}\left[\sqrt{1+\left(\dfrac{\sigma}{\omega\varepsilon}\right)^2}+1\right]}} \tag{2.36}$$

电磁波的波长为

$$\lambda = \frac{2\pi}{\beta} = \frac{2\pi}{\omega\sqrt{\mu\varepsilon}} \frac{1}{\sqrt{\frac{1}{2}\left[\sqrt{1+\left(\frac{\sigma}{\omega\varepsilon}\right)^2}+1\right]}} \tag{2.37}$$

因此，在拥有相同的介电常数 ε 和磁导率 μ 时，若介质为有耗介质（电导率 $\sigma \neq 0$），则电磁波波速会变慢，波长会变短。

在有耗介质（电导率 $\sigma \neq 0$）中波的相速度 v_{p} 是角频率 ω 的函数，即 $v_{\mathrm{p}} = v_{\mathrm{p}}(\omega, \sigma, \varepsilon, \mu)$。当携带信号的电磁波在导电介质中传播时，不同角频率的电磁波以不同的相速度传播，经过一段距离后，它们相互之间的相位发生了改变导致信号失真，这种现象称为色散。因此，导电介质是色散介质。

导电介质中的电磁波和理想介质中一样，仍是横电磁波（即 $E_z = 0, H_z = 0$），电磁波在传播过程中除了按相位 β（rad/m）滞后，幅度还按 $\mathrm{e}^{-\alpha z}$ 因子关系衰减。入射波和反射波以相同的相速度 $v_{\mathrm{p}} = \dfrac{\omega}{\beta}$ 向相反的方向传播，且其中每一个波的电场方向、磁场方向和传播方向都应满足右手定则，电场与磁场分量的复数幅值之比等于 $\pm\eta_{\mathrm{c}}$，但由于 η_{c} 不再是实数，因此，电磁场分量不再同相位，其瞬时值之比也不等于波阻抗。

2.2.2 土壤介质中电磁波的传播规律

地球物理方法是利用介质的物理性质差异来达到探测目的。探地雷达以发射高频脉冲电磁波为基础，通过电磁波在介质中发生的反射和折射等现象来实现对介质的探测。以土壤作为介质，其介电常数、电导率、磁导率是影响介质电磁性质差异的主要参数，不同土壤介质的电磁性质差异较大，而同一介质在其物理参数不同时或外加不同频率的电磁场时也表现出不同的特性。

1. 介质的介电常数、电导率与磁导率

物体中存在的电荷有自由电荷与束缚电荷两种。自由电荷不受原子束缚，仅在受到电场力作用时发生运动；而束缚电荷除受电场力作用外还受原子力的束缚，只能在一定的范围内运动。

当电介质被放入外电场中时，其内部束缚电荷在一定范围内发生运动，这种现象称为极化。电场中可以产生极化现象的物质为电介质，它是指不具有任何明显导电性的物质。自然界中存在的物质都是既有导电能力又有极化能力的，因此实际介质都既是导体又是电介质。

1）介电常数 ε

描述物质的介电性的参数是介电常数 ε：介电常数表征了物质在外加电场情

况下对极化电荷的储存能力：

$$\varepsilon = \varepsilon_0(1 + \chi_e) \tag{2.38}$$

式中，ε_0 为真空的介电常数；χ_e 为介质的极化率。

式(2.38)还可以改写为

$$\varepsilon = \varepsilon_r \cdot \varepsilon_0 \tag{2.39}$$

式中，ε_r 为相对介电常数，它是介质介电常数和真空介电常数的比值。相对介电常数是探地雷达应用中反映介电性的一个重要参数。两种介质的相对介电常数差别越大，则获得的雷达波反射越强。

2) 电导率 σ

电导率（σ，电阻率的倒数）是表征介质导电能力的参数，单位为 S/m，电导率影响电磁波在介质中的传播。

根据电导率的大小，可按数量级别将介质分为高、中、低三个等级。

高电导率介质：$\sigma > 10^{-2}$S/m，且 $\sigma/(\varepsilon\omega) \gg 1$，电磁波衰减极大，难以传播，探地雷达很难正常工作。此类介质有：海水、海水冰、湿黏土、湿页岩、湿沃土、含水砂岩、含水灰岩、金属物等。

中电导率介质：10^{-7}S/m $\leqslant \sigma \leqslant 10^{-2}$S/m，电磁波衰减较大，探地雷达可以勉强工作。此类介质有：淡水、淡水冰、雪、砂、淤泥、干黏土、含水玄武岩、湿花岗岩、土壤、冻土、砂岩、黏土岩、页岩等；

低电导率介质：$\sigma < 10^{-7}$S/m，满足 $\sigma/(\varepsilon\omega) \ll 1$，电磁波衰减小，适宜雷达工作。此类介质有：空气、干燥灰岩、玻璃、混凝土、沥青、陶瓷等。

3) 磁导率 μ

磁导率 μ 表征了介质在磁场作用下产生的磁感应强弱情况。非铁磁性介质的磁导率都接近于 1，对电磁波传播特性没有重要影响。而铁磁性介质的磁导率非常高，一般可达到 $10^2 \sim 10^4$H/m，电磁波在其中传播时波速和衰减都会受到很严重的影响，如纯铁、铁氧体、硅钢等。

2. 各类土壤介质的电磁性质

空气是介电常数最小的介质，电磁波在空气中的传播速度最快，衰减最小。水是介电常数最大的介质，电磁波传播速度最低。而土壤的电磁性质除了与土壤种类有关，还与其孔隙度和含水率有密切的关系，较大的电磁性质差异表现在介质的电导率和介电常数上。

由于土壤是固、液、气三相混合物，其介于极性电介质和离子性电介质之间，极性电介质和离子性电介质相比其相对介电常数较大，一般在 2.6～80.0。表 2.1

为常见介质的电性特征。

表 2.1　常见介质的电性特征

介质	电导率/(S/m)	相对介电常数	速度/(m/ns)	衰减系数/(dB/m)
空气	0.00	1.00	0.30	0.00
纯水	$1.00 \times 10^4 \sim 3.00 \times 10^{-2}$	81.00	3.3×10^{-2}	0.10
新鲜水	5.00×10^{-4}	81.00	3.3×10^{-2}	0.10
干砂土	$1.00 \times 10^{-7} \sim 1.00 \times 10^{-3}$	$4.00 \sim 6.00$	0.15	0.01
湿砂土	$1.00 \times 10^{-4} \sim 1.00 \times 10^{-2}$	30.00	0.06	$0.03 \sim 0.30$
湿黏土	$0.10 \sim 1.00$	$8.00 \sim 12.00$	0.06	$1.00 \sim 300.00$
湿页岩	0.10	7.00	0.09	$1.00 \sim 100.00$
湿砂岩	4.00×10^{-2}	6.00	—	—
土壤	$1.40 \times 10^{-4} \sim 5.00 \times 10^{-2}$	$2.60 \sim 40.00$	$0.075 \sim 0.18$	$20.00 \sim 30.00$
肥土	—	15.00	7.80×10^{-2}	—
永久冻土	$1.00 \times 10^{-5} \sim 1.00 \times 10^{-3}$	$4.00 \sim 8.00$	0.12	$0.01 \sim 1.00$

3. 介质电磁特性对电磁波传播的影响

土壤是具有一定电导率的电介质，因此电磁波在土壤介质中传播时，在电磁场的作用下会产生传导电流造成电磁波能的损耗。因而在介质中电磁波的传播距离是有限的，影响雷达波在介质中传播的电磁参数包括介电常数、电导率(电阻率)和磁导率等。

其中，介电常数是决定电磁波速度的主要因素。电导率的影响一般只考虑对电磁波的损耗和衰减，只有在低频情况下才考虑对速度的影响。对于目前探地雷达应用领域中的绝大多数介质，其磁导率的影响不作考虑，因为介质的磁性变化相对较小。

1)介质电磁特性与电磁波传播的关系

介质电磁特性对电磁波传播的影响，主要体现在两个方面。

(1)介质对电磁波波速的影响。雷达波在传播时电磁波的相速度与介电常数和电导率有着非常密切的关系。

通常，在相同介电常数的条件下，电阻率越大则电磁波传播速度就会越快达到常数值；另外，在相同的电阻率条件下，介电常数越大，雷达波的传播速度就越小。

(2)介电性对衰减系数的作用。雷达波在传播时的衰减系数与介电常数和电导率同样有着密切的关系。

通常，在相同介电常数条件下，电阻率越大电磁波传播的衰减系数会越快达到常数值；另外，在相同电阻率的条件下，介电常数越大，雷达波在传播时衰减系数也会越快达到常数值。

由介质电磁特性对电磁波波速及衰减系数的影响规律可知：探地雷达在介电常数小、电阻率大的介质以及介电常数大、电阻率小的不良导体中进行探测时效果会比较理想。

2) 介质电磁特性与电磁波频率的关系

土壤介质既不是理想状态的导体也不是绝缘体，它是具有一定电阻率的电介质。土壤介质的另一个特点就是其电磁特性——电导率、介电常数都与电磁波频率有关。

电导率随电磁波频率的升高而升高，频率不同时介电常数也不同。因为土壤具有一定的电导率，电磁波在其中传播时，在电磁场产生的传导电流造成电磁波能的损耗。因而电磁波在土壤介质中传播时发生色散，传播的距离有限。并且，介质的电导率越高衰减越大，传播距离越近。

2.3　探地雷达采集系统

2.3.1　探地雷达硬件系统

探地雷达采集系统的设计总体可分为分离式设计和组合式设计两种。

分离式设计主要有以下两种形式。

(1) 将天线发射控制器(发射机)和接收控制器(接收机)独立出来，采用不同的天线与其配合使用。这种结构成本低，但是由于接线较多，野外使用不方便。这种分离式设计常常在振子非屏蔽天线上使用。

(2) 将控制采集的主机与控制单元分离，控制主机通过计算机的并口或串口与控制单元连接。这种分离的优点是可以随时更换主机，但是缺点也是接线太多，同样不利于在野外复杂地区使用。

本节主要以中国矿业大学(北京)研制的 GR-2 型探地雷达采集系统为例进行介绍。无论组合式设计还是分离式设计，其控制信号流程是完全一致的。

探地雷达的系统结构如图 2.6 所示。它由发射天线系统、接收天线系统、微机系统、控制单元系统 4 部分组成。

发射天线系统：在控制单元系统的触发下，利用雪崩开关方式进行快速加压，产生高压窄脉冲电信号，并以此信号作为雷达发射控制脉冲，通过发射天线向地下发射电磁波。

接收天线系统：用接收天线接收高频雷达反射波信号，通过高频放大器进行放大，然后在控制单元系统的触发下，将放大后的信号通过采样接头进行采样保持，从而将高频信号变成低频信号，由控制单元系统进行精确的采样。

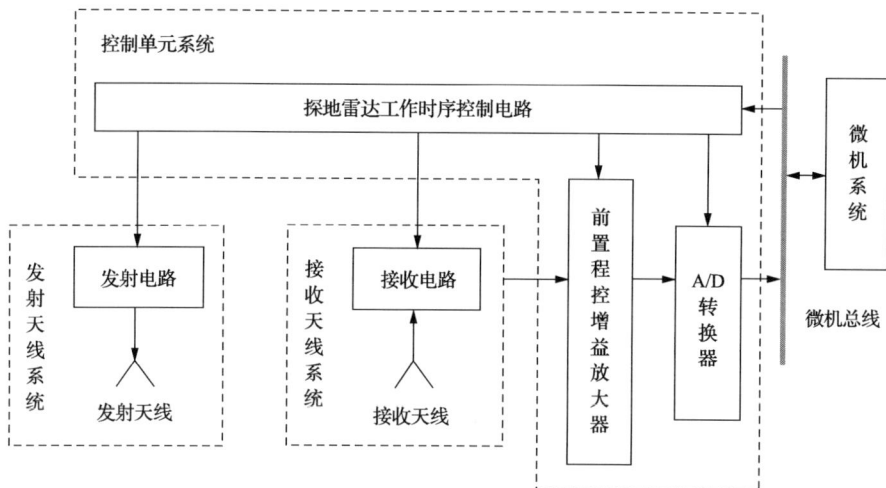

图 2.6　探地雷达系统结构图

微机系统：对探地雷达各子系统的工作流程进行管理、存储、显示，接收由控制单元系统采集得到的雷达数字信号，并对这些信号进行多种方法的信号处理。

控制单元系统：在微机系统的控制下，为发射天线系统和接收天线系统提供经过精确定时的启动触发脉冲，同时对来自接收天线系统采样保持后的雷达反射波信号进行程控增益放大和 A/D 转换，并将得到的数字化雷达反射波信号通过微机系统总线存放到内存中，供微机显示、存储、分析和处理。

2.3.2　探地雷达数据采集

1. 实时采样

1) 信号定义与分类

一个信号 $x(t)$，它可以代表一个实际的物理信号，也可以是一个数学函数，在数字信号处理中，信号与函数往往是通用的。信号的分类方法有很多，可以从不同的角度来分类。

(1) 连续时间信号和离散时间信号。它们的区别是时间变量的取值方式不同。

(2) 周期信号和非周期信号。对于信号 $x(n)$，若有 $x(n) = x(n \pm kN)$，k 和 N 均为正整数，则称 $x(n)$ 为周期信号，并记为 $\tilde{x}(n)$；否则为非周期信号。当然一个非周期信号也可视为周期无穷大的周期信号。

(3) 确定性信号和随机信号。信号 $x(n)$ 在任意时刻 n 的值若能被精确地确定或预测，则称 $x(n)$ 为确定性信号；而随机信号 $x(n)$ 在时刻 n 的取值是随机的，不能给以精确预测。随机信号又可分为平稳随机信号与非平稳随机信号。平稳随机信号又可分为各态遍历信号与非各态遍历信号。

(4) 能量信号和功率信号。对于信号 $x(t)$ 和 $x(n)$，其能量分别定义为

$$E = \int_{-\infty}^{\infty} |x(t)|^2 \, dt, \quad E = \sum_{n=-\infty}^{\infty} |x(n)|^2 \tag{2.40}$$

若 $E < \infty$ ，则 $x(t)$ 和 $x(n)$ 为能量有限信号，简称能量信号，否则称为能量无限信号。

若信号 $x(t)$ 和 $x(n)$ 为能量无限信号，则往往要研究它们的功率信号。信号 $x(t)$ 和 $x(n)$ 的功率分别定义为

$$P = \lim_{T \to \infty} \frac{1}{T} \int_{-\frac{T}{2}}^{\frac{T}{2}} |x(t)|^2 \, dt, \quad P = \lim_{N \to \infty} \frac{1}{2N+1} \sum_{n=-N}^{N} |x(n)|^2 \tag{2.41}$$

式中，T 为信号周期。

若 $P < \infty$ ，则称 $x(t)$ 和 $x(n)$ 为功率有限信号，简称功率信号。

周期信号、准周期信号及随机信号，因为其时间是无限的，所以它们总是功率信号。一般而言，在有限区间内存在的确定性信号是能量信号。

2）连续信号的离散化

将连续信号变成数字信号是获取原始数据的重要手段之一，也是在计算机上实现数字信号处理的必要步骤。在实际工作中，信号的采样（又称抽样）是通过 A/D 转换电路来实现的，通过控制 A/D 转换器在不同的时刻进行采样和量化，可以将连续信号 $x(t)$ 变成数字信号 $x(mT_s)$ ，T_s 为抽样间隔。通常一个连续信号的数字化过程如图 2.7 所示。

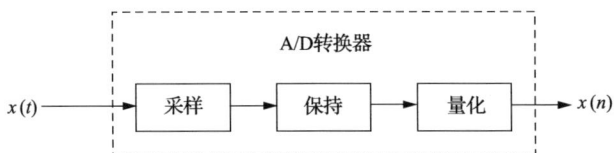

图 2.7　连续信号的数字化过程

一个连续信号 $x(t)$ 经过 A/D 转换器完成采样、保持、量化处理过程，就可以得到数字信号 $x(n)$ 。A/D 转换器的作用是将 $x(t)$ 变成离散信号，保持电路的作用是维持 $x(t)$ 信号的电平不变，以便能够有足够的时间将采样信号量化为数字信号 $x(n)$ 。可以看出上述过程的关键步骤是采样。

理想的冲激抽样序列函数定义如下：

$$p(t) = \sum_{m=-\infty}^{\infty} \delta(t - mT_s) \tag{2.42}$$

式中，冲激函数 $\delta(t)$ 有这样的性质，$\int_{-\infty}^{\infty} \delta(t) \, dt = 1$ ，且 $t \neq 0$ 时 $\delta(t) = 0$ 。

连续信号 $x(t)$ 经过冲激抽样序列函数抽样以后，可以得到离散信号 $x(n)$ ，即

$$x(mT_s) = x(t) \sum_{m=-\infty}^{\infty} \delta(t - mT_s) \tag{2.43}$$

信号采样理论是连接离散信号和连续信号的桥梁，也是进行离散信号处理与离散系统设计的基础。

3) 实时采样实现

实时采样是在数字化一开始，信号波形的第一个采样点就被采集，然后经过一个采样间隔，再采入第二个样点……依次类推，直到完成一个完整的采样过程。实时采样的主要优点在于信号波形一到就采入，因此适用于任何形式的信号波形，包括周期信号、准周期信号和随机信号。实时采样过程中，采样脉冲是等间隔出现的。

4) 探地雷达实时采样出现的问题

这里以常用的 100MHz 天线为例进行分析。探地雷达在实际应用过程中，为了达到良好的探测效果，其采样频率应该是天线主频率的 10 倍以上，即 100MHz 天线要达到 1000MHz 的采样频率，采样间隔 1ns，即 10^{-9}s，因此每个样点的采集、量化、存储必须在小于 1ns 的时间内全部完成，目前市场上的 A/D 转换芯片很难满足这一速度要求。因此必须选用新的采样技术满足这一要求。

2. 等效采样

等效采样技术可以实现高频模拟信号的数字化，然而，这种技术要求信号具有周期性或可重复产生。探地雷达采用有源发射技术，同一条件下，在同一地点发射两次电磁波脉冲，具有相同的地下发射规律。因此，探地雷达满足等效采样信号具有周期性或可重复产生的条件。

由于信号可以重复获得，可以用较慢的采样速率将一个完整的采样过程分布在多个不同周期中。在得到所有不同时刻的样本集合后，按照一定的算法重新排序，可以重建原始信号。等效采样又称为变换采样或欠采样，它是以延长采样时间为代价提高采样信号时间分辨率的一种采样技术，是解决高频模拟信号数字化问题的有效手段。

2.3.3　探地雷达控制单元系统

控制单元系统是探地雷达系统最重要的组成部分之一，它的主要任务有两个：一是对来自接收天线系统的高频雷达反射波信号进行数字化；二是为系统各部件分配地址端口，提供启动信号和必要的控制信号。探地雷达控制单元系统的结构如图 2.8 所示。

控制单元系统主要由下列功能电路构成。

(1) 接口及地址译码电路：主要功能是为控制单元系统中各部分电路分配系统地址，提供启动信号和必要的控制信号。

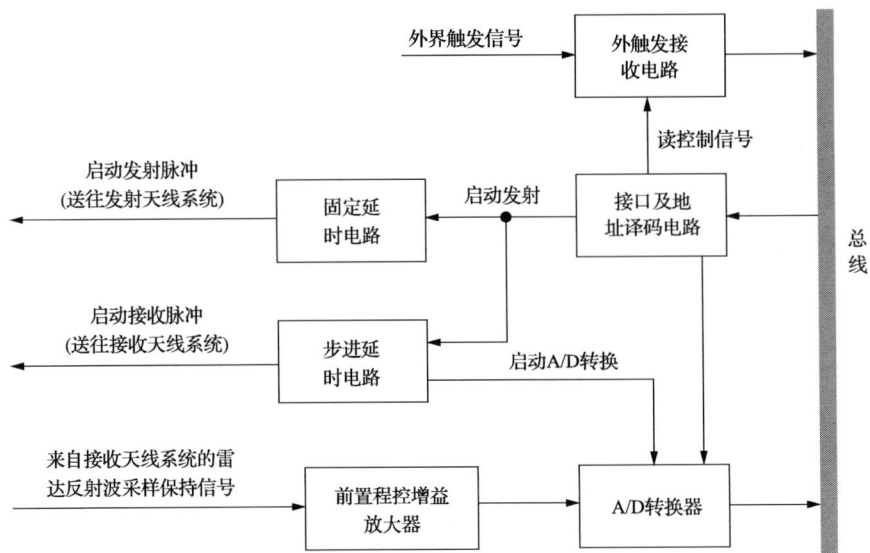

图 2.8　探地雷达控制单元系统结构框图

(2) 前置程控增益放大器：主要功能是对来自接收天线系统采样保持后的雷达反射波信号进行阻抗匹配，并进行程控增益放大，使该信号的电压幅值尽可能接近 A/D 转换器的输入电压满度值，以便得到信噪比较高的数字化输出结果。

(3) A/D 转换器：主要功能是将前置程控增益放大器输出的模拟信号数字化。

(4) 步进延时电路：主要功能是在系统启动脉冲触发下，延迟一个可编程时间段后，产生一个触发脉冲，用于启动接收天线系统的采样保持和控制单元系统的 A/D 转换。对一个完整的雷达反射波的数据采集需要进行多次采样，每采一个样，其延时时间要改变一次，这样才能在多次采样过程中，等效获得一个雷达反射波不同时刻的样点幅值，这也是等效采样技术的关键所在。因此，要求该延迟时间具有精度高(最小定时单位可达 8ps)、可编程动态范围宽(可编程范围为 0~65535)的特点。

(5) 固定延时电路：主要功能与步进延时电路类似。不同的是，其输出脉冲用于启动发射天线系统，控制发射高频高压雷达脉冲信号。该延时也是可编程的，它主要用来消除电路自身和传输线路带来的时滞影响，使得发射启动信号与接收启动信号之间的时间差控制在有效范围内。之所以称为固定延时，是因为在对一个完整的雷达反射波的多次采样过程中，其延时始终是一个固定值。

(6) 外触发接收电路：探地雷达系统有多种工作方式，其中之一是打标触发方式，即雷达波的发射和接收启动不是由微机系统程控提供的，而是通过系统外部机械或手工装置提供的。外触发接收电路的功能就是有效识别这个外界触发信号。

控制单元系统的主要功能是实现高频雷达反射波信号的数字化和为系统各部件分配地址端口，提供启动信号和必要的控制信号。因此其控制信号序列的产生和发出必须满足一定的顺序和规范。在实际数据采集过程中，探地雷达系统共有时间触发、打标触发、测量轮触发三种触发工作方式。但不管处于哪一种工作方式下，当系统发出启动工作信号之后，其采集控制流程都是一样的。具体过程简述如下。

（1）初始化过程：设置包括固定延时控制字、采样点数、叠加次数等在内的静态工作参数。

（2）设定步进延时控制字：步进延时控制字本质上用于控制等效采样间隔，因此每个样点变化一次。步进延时控制字需要送往 D/A 转换器，并通过 D/A 转换器间接实现延时控制。由于 D/A 转换器需要一定的稳定时间，因此设置步进延时控制字之后，需要等待 D/A 转换器输出稳定。

（3）启动 A/D 转换器并读取转换结果：发出 A/D 转换启动信号后，读取 A/D 转换结果。

（4）判断数据采集过程转换是否结束：样点计数减 1；如果不为 0，则转至过程（2），进行下一个样点的数据采集；否则，本道数据采集过程结束。

图 2.9 是单个样点的采集控制程序流程框图。

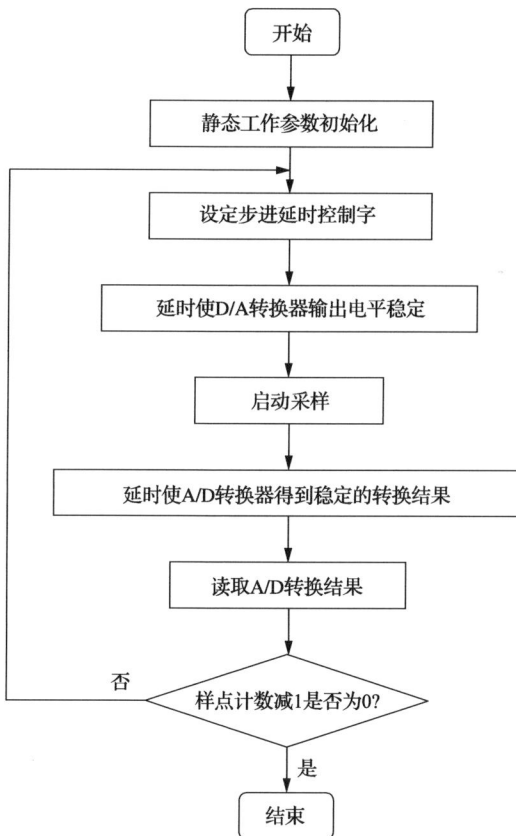

图 2.9　单个样点的采集控制程序流程框图

2.3.4 探地雷达接收及发射天线子系统

1. 探地雷达接收机

探地雷达实际采样信号很弱，如何将弱信号采集保持，并将保持数据供给采集卡进行模数转换，这是接收机必须解决的问题。接收机的功能是通过采样头将高频信号变成低频信号，通过二次采样对信号进行保持。接收机对电路板的设计满足高频电路设计要求。

GR-2 型探地雷达系统设计了延长重采样接收机，主要包括如下电路：电源、触发脉冲形成电路、雪崩电路、高频采样头采样双脉冲产生器、高频采样头、高频放大器、延长门采样脉冲形成电路、延长门、积分器和反馈电路。各电路模块的控制流程如图 2.10 所示。

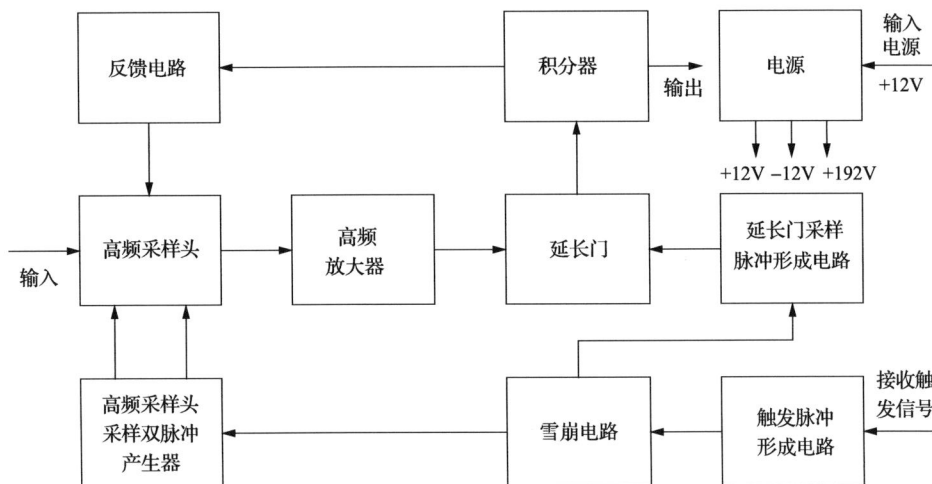

图 2.10 延长重采样接收机各电路模块的控制流程图

各部分的主要功能如下。

电源：从电池输入+12V 电压(与系统电源隔离)，产生±12V 和+192V 的输出电压。产生的+192V 输出电压给雪崩电路用，以产生上升沿(或下降沿)极快的雪崩脉冲，产生的±12V 输出电压用于其他电路。

触发脉冲形成电路：从时基电路送来的一个接收触发信号，用来触发雪崩电路产生雪崩脉冲，但送来的接收触发信号的幅度和下降沿不满足要求，需要对接收触发信号进行整形，用 LM7171 芯片整形后推动 2N3906 产生一个适用于雪崩电路需要的触发信号。

雪崩电路：经整形处理的接收触发信号，触发雪崩三极管 2N2219 产生雪崩脉冲，雪崩脉冲的下降沿可达 100V/2ns，雪崩脉冲输出一部分送到高频采样头采样双脉冲产生器，另一部分送到延长门采样脉冲形成电路。

高频采样头采样双脉冲产生器：高频采样头需要一个严格对称的采样双脉冲信号，此采样双脉冲信号的脉宽为 0.3ns，幅度大于 2V，正负严格对称。高频采样头采样双脉冲产生器就是为了产生这样一个适应采样头需要的采样双脉冲信号。

高频采样头：高频采样头包括采样门、采样门偏置和前放等。高频采样头的核心就是采样门，GR-2 型探地雷达系统采用 HMHS-2828 器件，它由四个高速采样二极管构成，利用电阻电容构成采样门偏置电路，用场效应管 2N5486 对采集的高速微弱电信号进行放大。

高频放大器：将高频采样头拾取的信号进行放大。放大增益在 100 左右，放大器的带宽在 200kHz～10MHz。

延长门采样脉冲形成电路：雪崩脉冲的一路输出信号经 LM7171 后形成脉宽为 1μs 的脉冲信号用以打开延长门。

延长门：高频采样头的采样门导通时间很短，一般在 100ps 以下，因而高频采样头的前置放大器 2N5486 输出脉宽极窄、幅度很小的脉冲信号，高频放大器将高频采样头拾取的信号进行放大的同时，还进行了滤波处理，将信号的带宽限制在 200kHz～10MHz，其结果是将幅度很小的极窄脉冲信号变成了幅度大的宽脉冲托尾信号，延长门在 1μs 的延长门采样脉冲的控制下，对幅度大的宽脉冲托尾信号进行采样，经积分器积分后输出。

积分器：对经延长门二次取样的输出信号进行积分并输出。

反馈电路：将积分输出信号反馈至高频采样头偏置电路，与高频采样头、高频放大器、延长门、积分器和反馈电路等构成闭合回路，从而构成一个差分取样接收机。

2. 探地雷达发射机

该单元的主要功能是产生上升时间极短的电磁脉冲。主要包括如下电路：触发脉冲形成电路、雪崩电路、电源。各电路的控制流程如图 2.11 所示。

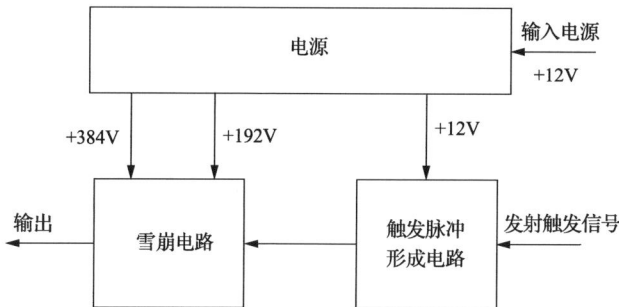

图 2.11 各电路的控制流程图

各部分的主要功能如下。

触发脉冲形成电路：从时基电路送来一个发射触发信号，在此触发信号的同步下，产生一个激励发射源，发射脉冲形成触发信号。

雪崩电路：利用雪崩开关方式进行快速加压，从而产生所需的高压电磁脉冲。

电源：可产生+12V、+192V、+384V 三种电源，分别用于不同宽度的脉冲发射源。发射源的脉冲宽度不同，对应的天线也不同，如 1ns、2ns、5ns、10ns 四种发射源分别对应 1000MHz、500MHz、200MHz 和 100MHz 天线。

3. 探地雷达天线

目前探地雷达采用的天线主要有微带蝶形天线和振子天线两种，因为这两种天线具有较宽的频带。屏蔽天线常采用微带蝶形天线，主要应用于 100～2000MHz 天线。非屏蔽天线常用拉杆振子天线，主要应用于 20～500MHz 天线。目前在高速公路和铁路应用中出现了空气耦合天线，主要应用于 1000～2600MHz 天线。

在设计天线时应综合考虑以下两个要素。

(1)在天线的设计中要把地面的影响考虑在内,天线与地面作为一个耦合系统一起讨论。

(2)要从时域和频域两个方面设计天线结构。对空间而言,发射信号是宽带的,且是一个低频分量丰富的信号,而天线是高通的,对低频分量有滤波作用。对发射机而言,同样需要时域匹配,要保证各频率分量在幅度和相位上都有平坦的响应。单从频域角度设计就不能满足要求。

阻抗匹配对于天线的发射、接收效率极为重要,如果阻抗不匹配,就会产生较大的驻波,不但造成多次振荡干扰,而且发射效率大大降低。

天线发射电磁波,是馈点脉冲信号传播到天线末端不断积分的过程,因此天线的长度决定了天线发射电磁波的频率,宽度决定发射电磁波的带宽。天线既要考虑带宽,也要考虑发射效率。

2.4　常用探地雷达设备及数据格式

2.4.1　探地雷达设备

目前国内常用的探地雷达设备有中国矿业大学(北京)研制的 GR 系列探地

雷达、中国电波传播研究所(青岛)研制的 LTD 雷达系列、北京爱迪尔国际探测技术有限公司(北京)研制的 CIDRC 雷达系列、北京市康科瑞工程检测技术有限责任公司研制的 KON-LD(A)工程雷达等。图 2.12 是中国矿业大学(北京)自主开发的探地雷达系列产品，图 2.13 是其他国产探地雷达产品。

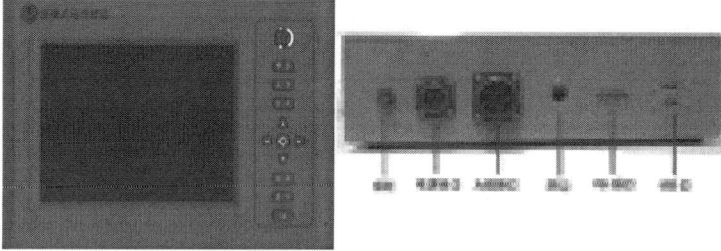

(a) 一体化主机

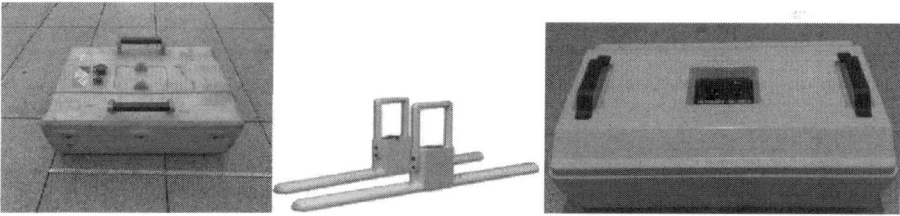

(b) 分体式主机

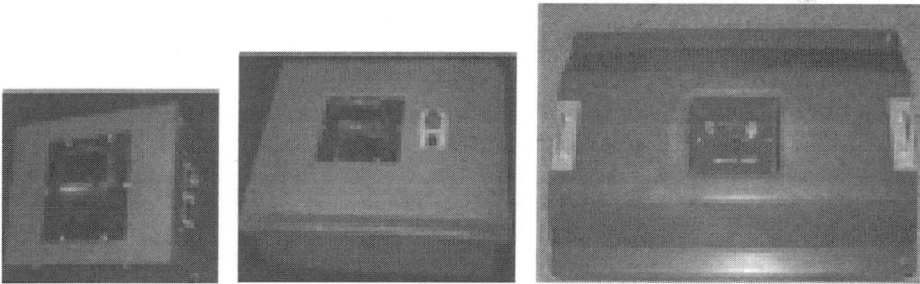

(c) 系列天线

图 2.12　GR 系列探地雷达

国外探地雷达目前在国内常用的主要有美国 GSSI 公司研制的 SIR 系列探地雷达、瑞典 MALA 公司研制的 RAMAC/GPR 系列探地雷达、加拿大 SSI 公司生产的 Pulse EKKO 系列探地雷达、拉脱维亚 Zond 公司生产的 Zond 系列探地雷达、意大利 IDS 公司研制的 RIS 系列探地雷达、英国 Utsi Electronics 公司研制的 Groundvue 系列探地雷达等。

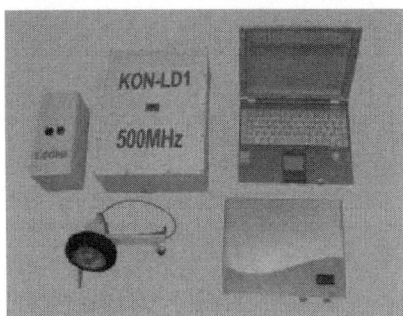

(a) KON-LD1主机及天线　　　　　　　　(b) LTD主机

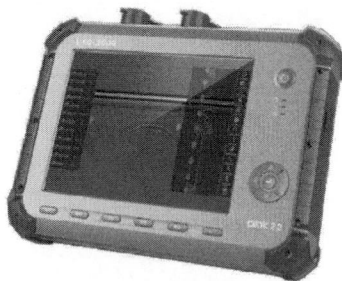

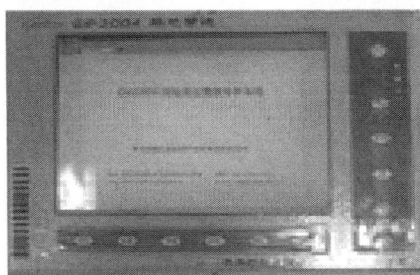

(c) CEOPEN雷达主机

图 2.13　其他国产探地雷达

2.4.2　常用探地雷达数据格式

1. GR 系列探地雷达

GR 系列探地雷达是由中国矿业大学(北京)研制的，具有自主知识产权。数据文件包含文件头和数据体，以".dat"为文件名后缀，数据文件具体格式如下：

```
{
    文件头；
    数据体；
}
```

文件头参数说明如下：

```
struct FILEHEAD
{
    short time_range; //时间量程
    short v_range; //电压
    short frequent; //采样频率
    short first_data; //第一数据段地址
```

```
short last_data; //后数据段地址
short filename1; //采样主文件名
short filename2; //采样子文件名
short t0; //脉冲开始时间
short time_wnd; //时间窗口/10.0
short jidian; //介电常数
short sig; //数据文件标志，若为0x55aa，则为本处理程序的有效数据
short no2; //保留
short impulse; //脉冲重复频率
short no3; //保留
short disp; //道间距，单位微米，1m=10000μm
short no41; //保留
short no42; //保留
short no43; //保留
short no44; //保留
short no45; //保留
short no46; //保留
short no47; //保留
short measure_wheel; //测量轮直径
short no5; //保留
short twopointimpulse; //采集两点脉冲数
short no6; //保留
int trace_num; //数据道数
short no7; //保留
short no8; //保留
short zhuanghao_k; //大里程桩号(km)
short zhuanghao_m; //小里程桩号(dm)
short SignInt; //标间距(cm)
short filetype; //文件类型 0:时间剖面 1:频率剖面
short no93; //保留
unsigned short sample_num; //采样长度=sample_num*512
short no10; //保留
short zhuangdirect; //桩号方向 1:桩号递增采集 0:桩号递减采集
int last_point; //最后一个实际探测点数
char fn[62]; // 针对美国DAT数据的参数文件
```

```
    unsigned short dztsig; //控制美国数据文件中的标记信息参数
    char cemianfn[100]; //保存层面追踪文件名称
    short no11[390]; //保留
};
```

数据体说明如下：

```
{
    第1道数据；
    第2道数据；
    ……
}
```

每一道数据的每个样点采用短整型保存，每一道的前 4 个字节同时是标记控制信息，如果为十六进制的 55aa，则是打标记录道。

2. SIR 系列探地雷达数据结构

美国 GSSI 公司生产的 SIR 系列探地雷达采集的数据文件包含文件头和数据体，以 ".dzt" 为文件名后缀，数据文件具体格式如下：

```
{
    文件头；
    数据体；
}
```

文件头参数说明如下：

```
struct tagRFDate // File header date/time structure
{
    unsigned sec2: 5; // second/2 (0-29)
    unsigned min: 6; // minute (0-59)
    unsigned hour: 5; // hour (0-23)
    unsigned day: 5; // day (1-31)
    unsigned month: 4; // month (1=Jan, 2=Feb, etc.)
    unsigned year: 7; // year-1980 (0-127=1980-2107)
};
struct RGPS
{
    char RecordType[4]; // "GGA"
    DWORD TickCount; // CPU tick count
    double PositionGPS[4]; // GPS定位
```

```
};
struct FSIRHEAD
{
    short rh_tag; // 0x00ff if header, 0xfnff for old file 00
    short startpoint; // constant 1024 (obsolete) 02
    short sample_length; // 04
    short datamode; // 16为16位二进制数据，8为8字节类型//06
    short rh_zero; // Offset (0x80 or 0x8000 depends on rh_bits) 08
    float rhf_sps; // scans per second 10 41800000H
    float tracedisp; // scans per meter 14 //道间距
    float rhf_mpm; // meters per mark 18
    float rhf_position; // position (ns) 22
    float timewnd; //时间窗 单位：ns 26-29
    short rh_npass; // num of passes for 2-D files 30 00 01
    struct tagRFDate rhb_cdt; // Creation date & time 32
    struct tagRFDate rhb_mdt; // Last modification date & time 36
    short rh_rgain; // offset to range gain function 40
    short rh_nrgain; // size of range gain function 42
    short rh_text; // offset to text 44
    short rh_ntext; // size of text 46
    short rh_proc; // offset to processing history 48
    short rh_nproc; // size of processing history 50
    short rh_nchan; // number of channels 52
    float rhf_epsr; // average dielectric constant 54
    float rhf_top; // position in meters 58
    float rhf_depth; // range in meters 62
    float rh_fstartx; //测线X坐标起点 66
    float rh_fendx;//测线X坐标终点 70
    float rhf_servo_level; //高程 74
    char reserved[3]; //保留 78
    short rh_linenum; // line number 86
    BYTE rh_accomp; // Ant Conf component 81
    short rh_sconfig; // setup config number 82
    short rh_spp; // scans per pass 84
    float rh_fstarty; // 88
```

```
    float rh_fendy; // 92
    BYTE rh_lineorder:4; // 96
    BYTE rh_slicetype:4; // 96
    char rh_dtype; // 97
    char rh_antname[14]; // Antenna name 98
    BYTE rh_pass0TX:4; // Activ Transmit mask 112 Geophysical Survey
    //Systems, Inc. SIR-3000 User's Manual    MN72-433
    //Rev F 57
    BYTE rh_pass1TX:4; // Activ Transmit mask 112
    BYTE rh_version:3; // 1 - no GPS; 2 - GPS 113
    BYTE rh_system:5; // 3 for SIR3000 113
    char rh_name[12]; // Initial File Name 114
    short rh_chksum; // checksum for header 126
    char variable[815]; // Variable data 128
    struct RGPS rh_RGPS[2]; // GPS info
};
```

数据体说明如下:

```
{
    第1道数据;
    第2道数据;
    ......
}
```

每一道数据的每个样点存储有两种形式: 字节或字, 由 datamode 参数控制。每一道的前两个字节也是标记控制信息。

3. Pulse EKKO 系列探地雷达数据结构

Pulse EKKO 系列探地雷达采集的数据包含两个文件: 采集参数文件和数据文件, 其后缀分别为 ".HD" 和 ".DT1"。数据文件又包含道头信息和数据体。

采集参数文件具体格式如下:

```
{
    09/01/20 // 时间信息
    NUMBER OF TRACES = 34 // 采样道数
    NUMBER OF PTS/TRC = 1875 // 采样点数
    TIMEZERO AT POINT = 213.600006 // 时间零线设定
    TOTAL TIME WINDOW = 750 // 时间窗以纳秒为单位
```

```
STARTING POSITION = 0.000000 // 空间起点(起始道)位置
FINAL POSITION = 8.250000 // 空间终点(终止道)位置
STEP SIZE USED = 0.250000 // 道间距
POSITION UNITS = m // 道间距单位
NOMINAL FREQUENCY = 100.000000 // 主频
ANTENNA SEPARATION = 1.000000 // 天线间距
PULSER VOLTAGE (V) = 1000 // 脉冲发射电压
NUMBER OF STACKS = 32 // 数据叠加次数
SURVEY MODE = Reflection // 勘探形式
DVL Serial# = 0000-3756-0028 // 以下为各种串口序号和工作电压
Console Serial# = 0022-3713-0015
Transmitter Serial# = 0026-3772-0008
Receiver Serial# = 0025-3774-0008
Start DVL Battery = 12.68V
Start Rx Battery = 11.97V
Start Tx Battery = 12.30V 12.30V
}
```

数据文件具体格式如下：

```
{
    第 1 道道头信息 128 字节；
    第 1 道数据；
    第 2 道道头信息 128 字节；
    第 2 道数据；
    ……
}
```

每一道的道头信息第 98 和 99 个字节为打标信息，当这两个字节内容都为十六进制数 3F80 时，该道为打标记录道。

4. RAMAC/GPR 系列探地雷达数据结构

RAMAC/GPR 系列探地雷达采集的数据包含三个文件：采集参数文件、数据文件和打标信息文件，其后缀分别为".RAD"、".RD3"和".MRK"。由于版本不同雷达设备除了以".MRK"为打标信息文件名后缀外，还有的以".MKR"和".MKN"为文件名后缀。

采集参数文件具体格式如下：

```
{
```

```
    SAMPLES:512 // 采样点数

    FREQUENCY:1197.061193 // 采样频率

    FREQUENCY STEPS:23 // 频率步进

    SIGNAL POSITION:-0.655518 // 有效信号延迟位置

    RAW SIGNAL POSITION:50815 // 整个原始信号延迟

    DISTANCE FLAG:0 // 空间距离单位标示

    TIME FLAG:0 // 时间单位标示

    PROGRAM FLAG:1 // 应用程序标示

    EXTERNAL FLAG:0 // 扩展标示

    TIME INTERVAL:1.000000 // 时间间隔大小

    DISTANCE INTERVAL:0.010007 // 空间道间距大小

    OPERATOR: // 操作者

    CUSTOMER: // 用户名称单位

    SITE: // 数据采集地点

    ANTENNAS: // 天线类型

    ANTENNA ORIENTATION:NOT VALID FIELD // 天线测试方向

    ANTENNA SEPARATION:1.000000 // 天线间距

    COMMENT: // 备注信息

    TIMEWINDOW:0.400982 // 时间窗大小

    STACKS:16 // 样点数据叠加次数

    STACK EXPONENT:4 // 未知

    STACKING TIME:0.076800 // 样点叠加时间

    LAST TRACE:35 // 终止道数

    STOP POSITION:0.00 // 测线终止位置

    SYSTEM CALIBRATION:0.0000363208 // 系统校准参数

    START POSITION:0.00 // 测线起始位置

    SHORT FLAG:0 // 短时基标记

    INTERMEDIATE FLAG:1 // 中实基标记

    LONG FLAG:0 // 长时基标记

}
```

数据文件具体格式如下:

```
{
    第 1 道数据;

    第 2 道数据;

    ……
```

```
}
```

每一道数据的每个样点采用短整型(2 个字节)存储。

打标信息文件具体格式如下：

```
{
  Trace no   Sample   Type
  10             0      1
  12             0      1
         ……
}
```

其中 Trace no 列就是打标道数，其他两列意义不是很明确。

5. RIS 系列探地雷达数据结构

意大利 IDS 公司研制的探地雷达数据没有公开，经过多方测试，只能给出局部关键参数的格式信息。该公司研制的雷达设备采集数据文件包含三部分：文件头信息、道头信息和数据体。文件头信息主要保存采集参数，道头信息主要保存标记信息，数据体主要保存探测数据结果。意大利 IDS 公司新的雷达主机对采集参数和数据体信息均进行了加密处理。

由于文件头信息没有公开发表，这里只是根据实际采集参数情况推算，推算结果如下：

```
{
     字节数                    内容
     1-2          文件标志信息，十六进制为 0356
     3-5                  未知信息
      6         控制信息参数：控制采样点数，时间窗参数位置，数据道位置
     其他                  未知信息
}
```

控制信息的控制方式如下：

```
{
```

控制信息参数大小	采样长度	时间窗偏移字节数		数据道偏移字节数
	(十六进制)	(十六进制)		
1	128*1	0e38	0	0f3c
2	128*2	1c38	0	1e3c
3	128*3	2a38	0	2d3c
4	128*4	3c3c	0	4040
5	128*5	e88+(5-1)*e0	0	3900+(5-1)*3840

6	128*6	e88+(6-1)*e0	0	3900+(6-1)*3840
7	128*7	e88+(7-1)*e0	0	3900+(7-1)*3840
8	128*8	783c	0	8040

}

道头信息包含 4 个字节的长整型数，如果数值为十进制的 2386，这个道就是标记道。

数据体为短整型整数。

道头信息和数据体具体结构如下：

{

第 1 道道头信息 4 个字节；

第 1 道数据；

第 2 道道头信息 4 个字节；

第 2 道数据；

……

}

6. SEGY 数据结构

SEGY 是地震勘探标准格式之一，目前很多地震软件具有很强的处理分析功能，因此，常常需要将探地雷达数据转换成 SEGY 数据格式，采用地震软件处理探地雷达数据。

SEGY 数据格式分为以下三部分：3600 个字节组成文件头、240 个字节组成道头和数据体。具体结构如下：

{

文件头信息；

第 1 道道头信息；

第 1 道数据；

第 2 道道头信息；

第 2 道数据；

……

}

3600 个字节组成的文件头具体参数如下：

{

```
char nouse1[3200];
    char nouse2[12]; // 1-4作业标识号 5-8测线号和 9-12卷号
    short traces_per_record; // 记录道数，即每炮的道数 13-14
```

```
    short futrace; // 15-16每个记录的辅助道数
    short saminter; // 17 18 这一卷带的采样间隔，以微秒为单位
    short saminteryw; // 19 20 野外记录的采样间隔，以微秒为单位
    short sampoint; // 每道的采样点数 21 22
    short sampointyw; // 野外记录每道的采样点数 23 24
    short code; // 25-26格式代码：1:浮点(4个字节) 2:定点(4个字节)
                // 3:定点(2个字节) 4:定点 W/增益码 为常数 3
    short stacknum; // 27-28 共中心点道集覆盖次数
short dataattri; // 29-30 道分选码1:同记录(没有分选) 2：共中心点道集
                // 3:单次覆盖剖面 4:水平叠加剖面
short verstack; // 31 - 32 垂直叠加码：1:没有叠加；2两次叠加；N:N次叠加
char nouse6[22]; // 33 - 54
short measument_sig; // 55 - 56 测量单位标记 1:m；2:英尺
char nouse7[4]; // 57 - 60
int record_num; // 记录总道数 61 - 64
char nouse8[4]; // 65 - 68
    short domain; // 69 - 70 数据范围：0-时间域数据 1-振幅 2-相位
    char nouse9[330];
}
```

240 个字节组成的道头具体参数如下：

```
{
    int tracenum; // 道数 1-4
    int tracecd; // 5-8 在本卷带中的道顺序号 从 1 开始
    int traceyw; // 9-12 原始野外记录号
    int traceywn; // 13-16 在原始野外记录中的道号
    char nouse1[12]; // 17-28
    short trace_sig; // 29 -30道识别代码1:地震数据 2:死道 3:dummy
    //4:时断 5:井口时间 6:扫描道 7:记录 8:水断 9:选择使用
    char nouse2[6]; // 31-36
    int offset; // 道偏移距 37-40
    char nouse3[28]; // 41-68
    short depth; // 值为常数 1 69 70
    char nouse4[34]; // 71-104
    short timedelay; // 时间延迟 105 106
    char nouse5[8]; // 107-114
```

```
short samplenum; // 采样点数/道 115 116
short sampleinter; // 采样间隔 117 118
char nouse6[122]; //
}
```
数据体采样点数的存储数据类型由文件头参数 code 确定。

2.5　探地雷达资料处理与解释

2.5.1　探地雷达资料处理

探地雷达资料处理在理论上属于数字信号处理的范畴。数学领域中的微积分、概率统计、随机过程、高等代数、数值分析、复变函数等都是数字信号处理的基本工具。网络理论、信号与系统等均是数字信号处理的理论基础。在学科发展上，数字信号处理又和最优理论、通信理论、故障诊断紧紧相连，近年来又成为人工智能、模式识别、神经网络等新兴学科的理论基础之一，其算法的实现又和计算机学科及微电子技术密不可分。因此可以说，数字信号处理把经典的理论体系(如数学、系统)作为理论基础，成为一系列新兴学科的理论基础，自然也成为探地雷达资料处理的基础。

1. 一维数字滤波处理

对探地雷达信号而言，一维数字滤波(以下简称一维滤波)处理具有如下意义。
(1)探地雷达信号存在不同频率的干扰，对干扰信号需要进行去除处理。
(2)采集系统存在低频漂移，需要压制。
因此，利用一维滤波处理可以压制干扰信号，提高剖面的信噪比；也可以提取地下介质的响应特征信号等。一维滤波处理在雷达资料处理中具有重要地位。一维滤波处理可以分为两种形式：有限长单位冲激响应(FIR)滤波和无限长单位冲激响应(IIR)滤波。滤波器可以视为一种系统，滤波器系统应满足相应的条件。

2. 频谱补偿处理

频谱补偿处理也称为谱值平衡处理。探地雷达发射宽频带信号，雷达信号在地层传播过程中，不同频率信号由于吸收系数的不同，其能量损耗不同，尤其是在深层传播的信号。为了弥补这些损失的频谱信号，可以通过人为方式把这些频谱信号补偿进去。频谱补偿也可以拓宽信号的频谱，频带越宽，时间脉冲越窄，从而时间剖面的分辨率越高，所以频谱补偿可以提高探地雷达剖面的分辨率，提高了资料解释的精度。

3. 二维滤波处理

在探地雷达探测中，当有效波和干扰波的频谱成分接近时，无法用一维滤波来压制干扰，如果有效波和干扰波在视速度上存在差异，则可进行视速度滤波。这种滤波是一种空间域的滤波，电磁波波动是时间和空间的函数，可用振动图形来描述，也可用波剖面来描述。

可以采用以下两种方式达到二维滤波目的。

(1)时间域：利用滤波因子进行二维卷积运算。

(2)频率域：利用二维谱信号的正逆变换实现。

4. 希尔伯特变换

希尔伯特变换揭示了由傅里叶变换联系的时域和频域之间的一种等价互换关系，它与傅里叶变换的对称性有紧密的联系。希尔伯特变换所得到的概念和方法在信号与系统以及信号处理的理论及实践中有着重要的意义和实用价值。

5. 反卷积运算

反卷积是通过压缩雷达子波以提高雷达剖面的时间分辨率的过程。要了解反卷积，首先应建立一个探地雷达记录道。地层是由不同岩性和物理性质的岩石组成，不同的物性介质具有不同的波阻抗特性，在相邻岩石之间的波阻抗差产生电磁波的反射，反射信号被接收天线所接收。这样，所记录的雷达信号可表示为一个卷积模型，即地层波阻抗差产生的脉冲响应与雷达子波的卷积。地层波阻抗差产生的脉冲响应包括一次反射(反射系数序列)及所有可能的多次波。理想的反卷积是通过压缩子波并消除多次波，在雷达记录上只保留地层波阻抗差产生的反射系数，从而提高雷达剖面分辨率。

6. 小波变换

小波变换被誉为"数学上的显微镜"，也就是利用尺度参数的变化，既可以观察到信号的细节分量，也可以观察到信号的趋势分量。

小波变换作为一种新的信号处理手段，近几年来在无损检测领域的应用越来越多。其特点是可以在多尺度下把信号中不同频率的成分分解到不同的子空间中，它具有平移性和伸缩性，可以分辨出被测信号的任意部位的频率分量，在实际的信号处理中实现了对信号的多分辨分析、识别，尤其对弱信号的拾取具有较好的应用效果。而探地雷达探测技术的处理目的就是在强干扰信号的背景下提取有效反射信号。小波变换对探地雷达弱反射信号的提取具有良好的效果。

小波分析因具有低熵性、多分辨率、去相关性以及选基灵活等特点，在信号处理领域广泛应用，特别是对瞬态非平稳信号分析具有独特之处，在目标识别与检测、信号消噪方面具有重要的作用。

7. 水平预测滤波

水平预测滤波是在数字信号处理的基础上，研究出的一种去除道间水平信号的方法。

滤波思想：将水平预测算法和滤波相结合。

采用以下步骤实现该算法。

第一步：水平预测步长为道距长度。

第二步：计算道间水平预测数据和实际道时间深度样点数据之间的相关系数。

第三步：利用相关系数设计 IIR 高通滤波器。

第四步：实现 IIR 滤波。

8. 子波相干加强

前面介绍的信号处理主要利用给定参数计算滤波器子波，再通过子波和数据进行卷积或反卷积运算达到提取有效信号的目的。

子波相干加强则是利用探地雷达剖面，在剖面上选取有效信号作为子波，根据用户选择的子波与雷达剖面进行卷积运算，从而达到提取有效信号的目的。

9. 背景消除

探地雷达由于阻抗不匹配产生的驻波干扰信号成为主数据采集中的主要背景噪声，在雷达剖面上这些干扰具有等时和稳定等特点，具体表现为道间水平信号强，其视速度很高。当地下浅层反射能量较大时，对水平信号具有压制效果，但是由于深部信号反射能量较弱，水平干扰信号就会压制有效信号。为此只有将这种水平干扰信号去除，才能提取出反映地层结构变换的反射信号。其算法实现方式如下：选取雷达剖面明显出现道间水平干扰信号的区域，将该区域的所有道数据求平均值，这样的平均值主要代表有规则的水平信号，而无规则的反射信号得到减弱。因此可以认为平均值是仪器内部造成的干扰信号，需要从雷达剖面所有数据道中去除。此时，把平均值道作为仪器背景噪声，求取雷达剖面所有道与背景噪声之间的差，达到去除背景噪声的目的。

10. 道间平衡加强

道间平衡加强是利用信号相关性提高时间剖面信噪比的处理方法。其基本原理是在相邻雷达道中，有效波具有相似性，而随机干扰不具有相似性，因而，可以在相关分析的基础上判定哪些采样值是属于有效波的，应该加强；哪些采样值是干扰,应该削弱。

道间平衡加强根据道间的同信号的相关性系数来确定加强权函数。

道间平衡加强的计算公式为

$$\tilde{y}_j(t) = \tilde{B}_j(t) y_j(t) \tag{2.44}$$

式中, $y_j(t)$ 为道间平衡加强处理前的第 j 道雷达记录; $\tilde{B}_j(t)$ 为第 j 道雷达记录的道间平衡加强权函数; $\tilde{y}_j(t)$ 为道间平衡加强处理后的第 j 道雷达记录。

道间平衡加强权函数 $\tilde{B}_j(t)$ 在水平同相轴(相关系数大)通过处应取高值,否则应取低值。为了避免处理后记录波形明显失真,它随 t 的变化应缓慢些。道间平衡加强权函数是通过被处理道与以它为中心的若干道所组成的模型道之间的互相关曲线求得的。

2.5.2　探地雷达资料解释

雷达图像的综合解释是探地雷达探测的最终目的,目前对资料的解释概括地说有两大类:直接解释和间接解释。

1. 直接解释

直接解释方法,就是通过对雷达探测的原始资料做一些常规的预处理(如放大、滤波、叠加)之后,根据雷达反射信号的外观特征,如反射强弱、相位特征、同向轴的变化特征等信息,再结合钻探资料以及其他相关地质资料,直接对反射信号做出定性和定量解释。这是目前最常用的解释方法,优点是直观、形象,适于分辨介质层面及环境条件较为单一的地质异常体。但在复杂地质环境条件下,资料的外观特征往往被复杂化,导致资料多解性的发生。而且这种方法对辅助资料的正确性和解释者的经验水平依赖性较强,对复杂地质环境条件下的探测目标,不同的人甚至可得出完全不同的解释结果,资料外观特征的不确定性和资料解释的主观性制约了这种解释方法结果的可靠性。

2. 间接解释

相对于直接解释方法而言,间接解释方法是指采用物理或数学的理论和方法,对雷达探测资料的自身结构进行深入分析,以期能找出体现探测目标差异的特征参量,作为资料解释和目标识别的依据。由于资料解释的依据是能反映目标属性的特征参量,因此这种解释方法就在很大程度上克服了直接解释方法所带来的主观性和多解性,在一定程度上提高了资料解释的准确性,使结果更为客观和可靠。当然,这仅仅是从理论上而言,实际上由于地下目标体及其周围环境的复杂多变性,要找出反映某类目标体的属性特征也并不容易,问题的关键在于,要根据不同情况，选择一套好的分析理论和适宜的分析方法。目前在这方面已开始研究的方法主要有等效系统法、傅里叶谱分析法、小波变换分析法、分形理论等。从总体上看，由于地下探测目标的复杂多变性，每种解释方法都有其局限性，都有一定的使用条件和范围。

参 考 文 献

包健. 2009. 有限精度权值神经网络优化的研究与应用. 上海: 华东理工大学.

崔凡. 2012. 基于探地雷达的土地整理质量检测关键技术研究. 北京: 中国矿业大学(北京).

林为干. 1996. 电磁场理论. 北京: 人民邮电出版社.

马冰然. 2003. 电磁场与微波技术. 广州: 华南理工大学出版社.

裴建新. 2010. 补偿吸收衰减的探地雷达数据叠前偏移方法研究. 青岛: 中国海洋大学.

宋水淼, 张晓娟, 徐诚. 2003. 现代电磁场理论的工程应用基础——电磁波基本方程组. 北京: 科学出版社.

粟毅, 黄春琳, 雷文太. 2006. 探地雷达理论与应用. 北京: 科学出版社.

王蔷, 李国定, 龚克. 2001. 电磁场理论基础. 北京: 清华大学出版社.

吴丰收. 2009. 混凝土探测中探地雷达方法技术应用研究. 长春: 吉林大学.

杨峰. 2004. 探地雷达系统及其关键技术的研究. 北京: 中国矿业大学(北京).

杨峰, 彭苏萍. 2010. 地质雷达探测原理与方法研究. 北京: 科学出版社.

杨儒贵. 2003. 电磁场与电磁波. 北京: 高等教育出版社.

曾昭发, 刘四新, 王者江, 等. 2006. 探地雷达方法原理及应用. 北京: 科学出版社.

Lee W R, Rehbock V, Teo K L. 2004. A weight least-square-based approach to FIR filter design using the frequency-response masking technique. IEEE Signal Processing Letters, 11(7): 593-596.

Materka A. 1995. Neural network technique for parametric testing of mixed-signal circuits. Electronics Letters, 31(3): 183-184.

Seyyed M S J, Mohammadi K. 2009. Evolutionary derivation of optimal test sets for neural network based analog and mixed signal circuits fault diagnosis approach. Microelectronics Reliability, 49(2): 199-208.

Wang J R, Schmugge T J. 1980. An empirical model for the complex dielectric permittivity of soils as a function of water content. IEEE Transactions on Geosciences and Remote Sensing, 18(4): 625-627.

Zhao H, Yu J B. 1997. A novel neural network-based approach for designing 2-D FIR filters. IEEE Transactions on Circuits and Systems II, 44(11): 1095-1099.

第3章 土壤物理模型雷达波传播规律及特征

根据土地整理质量检测中所涉及的土壤类型，本章以不同物理参数的土壤建立起物理模型，并通过改变模型的含水率、紧实度，使用计算机断层扫描（computed tomography，CT）透射，采集电磁波在不同土壤中的物理参数。根据雷达波在有耗介质中的传播规律及不同的物理参数，计算不同条件下土壤介质的介电常数值。最终使用探地雷达的波形起跳特征和在有耗介质中的传播时间，研究土壤物理参数对电磁波的影响规律。

3.1 物 理 模 型

3.1.1 物理模型建立

物理模型建立的目的是通过改变土壤的含水率、紧实度和电导率这些参数，并使用雷达对其进行探测，找寻不同物理参数条件下土壤对电磁波的反射规律。

建立一个尺寸为 150cm×80cm×70cm 的木槽作为物理实验容器，如图 3.1(a)和图 3.2 所示。槽内以每 40cm 为一个区域(图 3.3)划分成 3 个区域，测量其中的含水率、容重和电导率值。每个区域内两个测量点，取其平均值作为该区域的物理参数值。

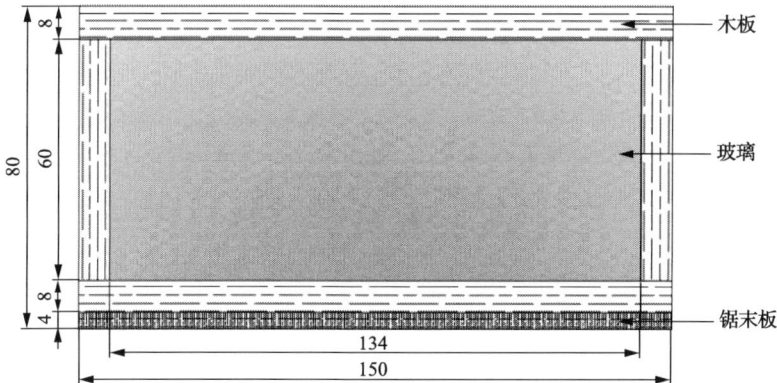

(a) 正面

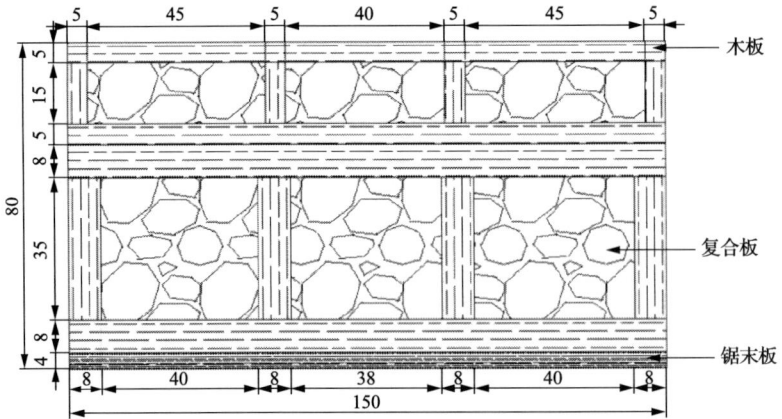

(b) 背面

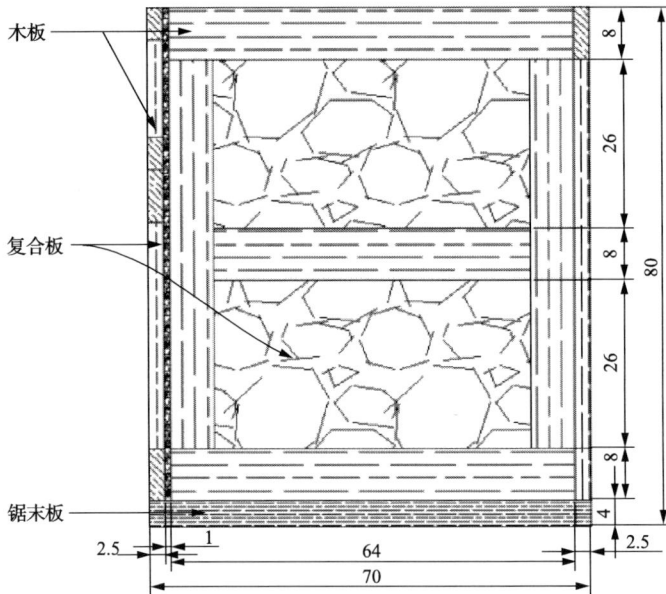

(c) 侧面

图 3.1 物理模型结构示意图

图中单位为 cm

模型中铺设的介质土厚度为 50cm，可以满足雷达波完全通过介质透射的需要。

3.1.2 土壤物理参数选择

土壤物理参数是反映土壤质量的重要特征，由于土壤是由固、液、气三态共同构成，因此选取反映土壤三态的物理参数对其进行量度，对了解土壤的构成、判断其质量有重要的意义。

图 3.2　物理模型实物图

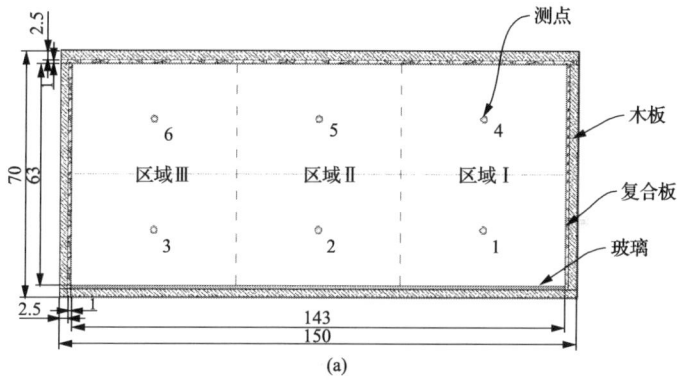

(a)

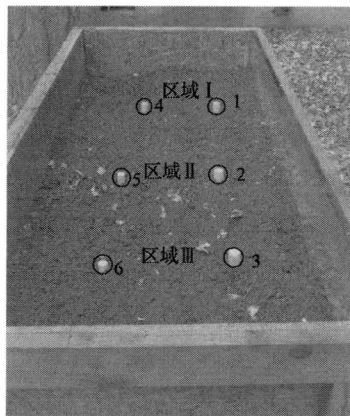

(b)

图 3.3　物理模型区域划分示意图及实物图

针对固、液、气三态选择土壤的紧实度、含水率以及由土壤综合性质所影响的电性参数——电导率来对土壤的物理参数进行标定。引入探地雷达技术是为了提高土地整理质量检测的效率，因此本次物理实验将选用便于现场探测土壤参数的设备进行土壤物理参数探测。

相对于现场物理参数探测，传统土壤探测主要从以下几个物理参数方面进行，其具体意义如下。

1) 土壤含水率测量

土壤中的含水率表征存在于土壤孔隙和束缚在土壤固体颗粒表面的液态水量。自然土壤由固态、液态和气态组分共同组成。其中水分是重要的液相部分，会以固态、液态和气态三种形态出现，常温下以液态和气态状态存在。

2) 土壤紧实度测量

土壤紧实度又称为土壤硬度或土壤坚实度。农业机具和牲畜在土壤上通过时所引起的孔隙度减小的现象称为土壤压实。土壤压实后造成土壤渗透性降低，透气性变差，使得农作物减产。使用可插入土壤中记录深度及压力的探针式仪器探测土壤的紧实度值(单位为千帕)，该值随着土壤深度的变化而变化，因此实验中考虑的是土壤不同深度孔隙度的平均值。由于现场探测对紧实度的测量比孔隙度测量要方便很多，因此将紧实度测量代替孔隙度测量。

3) 土壤介电性质测量

土壤介电性质是指土壤的相对介电常数、电导率、磁导率等与土壤电性相关的参数，实验时主要选择土壤的介电常数进行测量。

3.2 土壤物理模型参数测试

3.2.1 实验测试设备选择

针对模型中所涉及的土壤物理参数，且为了便于以后在土壤整理质量检测过程中的现场观测，此次实验选取可直接量度土壤含水率、紧实度和电导率的现场探测设备。

1. 电导率测试仪：EC110 便携式电导率速测仪

功能：EC110 便携式电导率速测仪可直接测量土壤、水和有机溶液的电导率，具体参数见表 3.1。

2. 含水率测试仪：TDR300 便携式土壤水分测试仪

功能：TDR300 便携式土壤水分测试仪是使用 TDR 原理进行含水率测量的土壤水分速测仪，可通过选配不同长度的测量探针来测量不同深度的土壤水分，本次实验探针长度选为 12cm，具体参数见表 3.2。

表 3.1　EC110 便携式电导率速测仪参数

参数	数值
测量范围	0.00～199.9mS/cm
测量精度	±2%
供电	6V 直流
待机时间	约 30h
电导率电极	2220FS 电导率电极长度 20cm

表 3.2　TDR300 便携式土壤水分测试仪参数

参数	数值
原理	TDR
范围	0～饱和值(体积含水量)
精度	±3.0%(当 EC^a＜2dS/cm 和黏土含量＜30%时)
分辨率	1.0%
电池	6V 直流
通信接口	RS-232
重量	1.36kg
探头尺寸	10.41cm×7.11cm×1.78cm
读数表尺寸	10.5cm×7cm×1.8cm
探针尺寸	直径 0.5cm，间距 3.3cm
测量模式	VWC^b 和 RWC^c

a：溶液中可溶性盐浓度。b：土壤体积含水量。c：土壤相对含水量。

3. 紧实度(容重)测试仪：SC-900 数显式土壤紧实度仪

功能：SC-900 数显式土壤紧实度仪匀速插入土壤中，可以探测在探针插入过程中，以 2.5cm 为单位的各深度位置土壤的紧实度(以压力单位 kPa 表示)，具体参数见表 3.3。

表 3.3　SC-900 数显式土壤紧实度仪参数

参数	具体信息
测量单位	kPa
分辨率	2.5cm，535kPa
精度	±1.25cm，103kPa
测量范围	0～45cm，0～7000kPa
最大插入速度	182cm/min
供电	6V 直流
显示屏	16 字符 2 行液晶显示屏
锥形头直径	12.827mm

4. 探地雷达：本次实验使用的仪器是中国矿业大学(北京)生产的 GR 系列探地雷达，主机为 GR-Ⅲ型，天线为 GR-900MHz 反射天线。

1) GR-Ⅲ型探地雷达主机参数

数据采集方式：点测、连续测量、测距轮控制。

触发方式：时间触发、键盘触发、测距轮触发。

A/D 转换：16 位。

采样率/采样点数：10ps 采样间隔；256、512、1024、2048 点可选。

扫描速度：200kHz 脉冲频率。

测量时窗：5～3000ns。

功耗：35W。

最大系统动态范围：156dB。

GR-Ⅲ型探地雷达主机实物如图 3.4 所示。

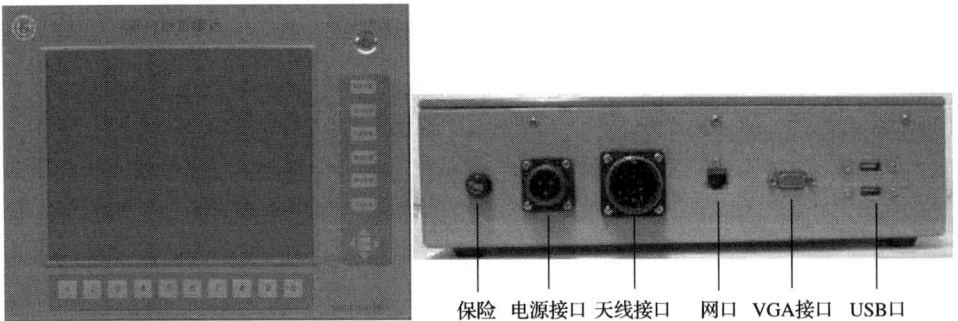

保险　电源接口　天线接口　　网口　VGA接口　USB口

图 3.4　　GR-Ⅲ型探地雷达主机

2) GR-900MHz 反射天线

天线主频：900MHz。

有效探测深度：2m(正常条件下)。

接收机信号分辨率：<100μV。

响应脉冲频率：<400kHz。

天线形式：发射天线和接收天线屏蔽封装在同一外壳内。

外壳尺寸：长×宽×高=30cm×18cm×13cm。

GR-900MHz 反射天线如图 3.5 所示。

3) 900MHz 透射天线

根据本次实验的需要，对物理模型进行对穿式探测，在 GR-900MHz 反射天线的基础上，特别制作了 900MHz 的分体式天线。该分体式天线分别将发射

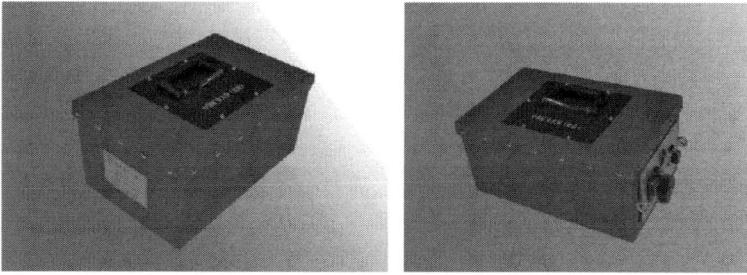

图 3.5　GR-900MHz 反射天线

天线和接收天线封装在两个外壳中，将外壳固定于木制支架上，线缆从天线外壳引出后，焊接到连接线接口上，通过该接口使用数据传输线与 GR-III 型探地雷达主机连接。

4）透射天线及支架设计

针对本次实验，特设计 900MHz 透射天线支架一套，该支架分为 3 个部分，其中两组接杆分别固定发射天线外壳和接收天线外壳，上部也采用连接杆设计，上部连接杆固定雷达天线接口面板。天线外壳连接杆与接口面板连接杆相互垂直，并且可以拆卸，从而保证了两个透射天线的相对位置，使其中心点在一条直线上，如图 3.6 所示。

图 3.6　透射天线及支架实物图

该天线与 GR-900MHz 反射天线参数相似。

天线主频：900MHz。

有效探测厚度：4m（正常条件下）。

接收机信号分辨率：<100μV。

响应脉冲频率：<400kHz。

天线形式：发射天线和接收天线分别屏蔽封装在两个外壳内。

外壳尺寸：长×宽×高=30cm×18cm×13cm。

3.2.2　雷达探测方法设计

雷达探测分为反射式探测和透射式探测(图 3.7, t 为雷达波在介质中的旅行时间，d 为介质厚度)两种，实验选用透射式探测，主要由于透射式探测具备以下几点优点：

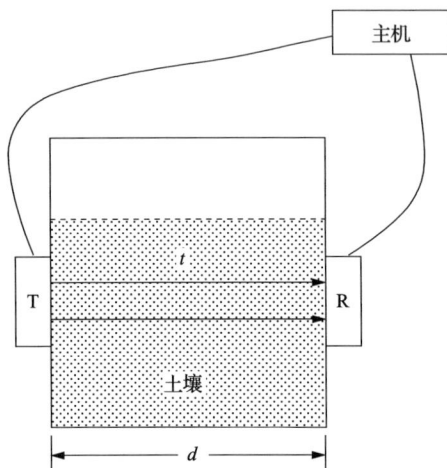

图 3.7　透射式探测原理图

(1)透射式探测相对反射式探测，所接收到的雷达波为直达波，更有利于观察；
(2)采用透射剖面法，雷达波在土壤介质中的旅行时间更容易计算；
(3)物理模型宽度为 60cm，适合高频雷达天线(900MHz)进行透射式探测。

在物理模型填充完成并分区域改变了物理参数后，根据物理模型不同控制区域内的物理参数不同的布设特点，使用透射雷达在物理模型的正面和背面进行探测，其探测方式如图 3.8 所示。

图 3.8　透射雷达在物理模型中的探测

采用透射式探测时，由于雷达波不是经过介质反射而是穿过介质被接收，其采集参数设定与反射式探测略有不同。

1. 天线中心频率 f

由于雷达波直达，旅行时间相当于反射天线的 1/2。因此，选用中心频率相同的天线，探测深度(或者说厚度)则为反射天线探测深度的 2 倍。

因此，可得天线中心频率为

$$f = \frac{300}{x\sqrt{\varepsilon_r}} \tag{3.1}$$

式中，x 为空间分辨率(m)；ε_r 为介质的相对介电常数。

式(3.1)可作为理论依据，但在实际实验中仍然选用 900MHz 天线，并根据物理模型的实际结构，改装成透射距离可调节的设备，便于在实验中使用。

2. 时间窗 W

在透射天线布置时，时间窗(单位为 ns)的选择和反射雷达类似，主要取决于被测介质厚度 d_{max} 与介质结构层中的电磁波速度 v，但是由于雷达波透射直达，其时间窗约为反射时间窗的 1/2，因此由式(3.1)修改得到

$$W = 1.3 \times \frac{d_{max}}{v} = 1.3 \times \frac{d_{max}\sqrt{\varepsilon_r}}{C} \tag{3.2}$$

式中，C 为雷达波在真空中的传播速度。

本次实验考虑到物理模型宽度(d_{max})为 60cm，且壤土相对介电常数为 8~14、砂土为 4~6，为保证透射信号的完整性，选择时间窗为 20ns 和 30ns。

3. 采样率 Δt(采样点数)

采样率和采样点数与天线布置方式无关，选择 256 点和 512 点采样率，足以保证所采集数据的信号质量，满足实验要求。

4. 测点间距及探测方式

针对本次实验，雷达波主要探测介质为土体，采取连续探测的方式，能够保证在不同性质和不同物理参数土体中雷达信号的有效性。连续探测的重复发射频率为 200kHz。

3.2.3　实验测试结果可靠性评价

由于本实验多使用现场仪器对模型的物理参数进行测量，因此首先使用

TDR300 便携式土壤水分测试仪和 EC110 便携式电导率速测仪对模型标定点进行测试，每个测点取 5 个有效值进行平均计算，作为该点的参数值。为保证仪器所测得的测点数值的有效性，对含水率和电导率值采取传统取样方法进行测试，与仪器测试值进行对比。

1. 采用烘干法测试土壤含水率

使用环刀对模型的 6 个测点进行取样，取样后封装于铝盒中。将铝盒进行天平称重，然后将 6 个样本放入烘箱 20h，称量干燥后的土壤，计算土壤含水率。实测数据如表 3.4 所示。

表 3.4　土壤含水率实测数据

测点号	含水率/%
1	9.74
2	10.89
3	11.06
4	9.98
5	10.08
6	10.45

2. 使用土壤盐溶液法测试土壤电导率

土壤电导率的实测数据如表 3.5 所示。

表 3.5　土壤电导率实测数据

测点号	电导率/(μS/m)
1	997
2	1011
3	1002
4	1004
5	978
6	998

3. 现场数据比对

使用 TDR300 便携式土壤水分测试仪和 EC110 便携式电导率速测仪所测得的含水率和电导率值如表 3.6 所示。

含水率和电导率现场测量值及实验室测量值对比拟合曲线如图 3.9 所示。根据以上两组拟合曲线及数据分析可得，现场测量值与实验室测量值最小误差率小于 5%，具有良好的拟合性，因此可以使用现场仪器测量代替传统实验方法。

表 3.6　仪器测量数据

采样点	含水率/%	电导率/(μS/m)
1	9.3	1014
2	10.6	1071
3	11.0	967
4	9.9	835
5	9.7	857
6	9.7	798

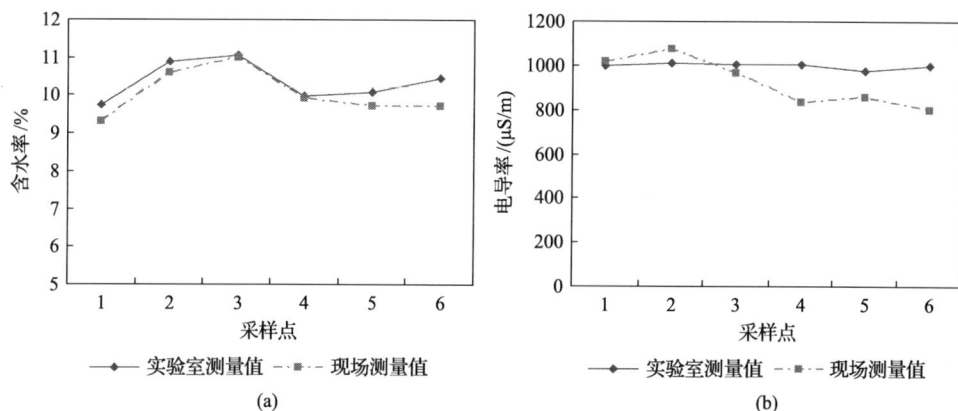

图 3.9　含水率和电导率现场测量值及实验室测量值对比拟合曲线

3.3　基于雷达透射的资料处理解释方法

雷达波在介质中的传播速度与介质的介电常数相关，介电常数越大，电磁波在其中传播的速度越小。

电磁波在土壤中的传播速度 v 与土壤的介电常数存在以下关系：

$$v = \frac{c}{\sqrt{\varepsilon}} \tag{3.3}$$

式中，c 为真空中的电磁波传播速度，为 $3 \times 10^8 \mathrm{m/s}$；$\varepsilon$ 为土壤的介电常数。

从式(3.3)中可知，要想得到土壤的介电常数 ε，必须求出电磁波在土壤中的传播速度 v。使用探地雷达透射式探测方法，可以通过找寻波形起跳点的办法来计算雷达波在介质中的旅行时间 t，然后根据被测模型介质的厚度 $d_{\max}$，来求电磁波在介质中的传播速度 v。

因此，在已知被测介质厚度的情况下，求出雷达波在介质中的旅行时间 t，便可以计算出土壤介质的介电常数，有利于使用探地雷达快速探测土壤的介电性质。准确获取探地雷达反射信息时间至关重要。

3.3.1 雷达波初至分析

在探地雷达的实际探测中，雷达波的初至时间非常重要，它直接影响到反射信号的定位和信号识别，进而会影响到目标体的解释和识别。目前，雷达初至波的界定较为混乱，没有统一的标准，常用的初至定位方法有五种，如图 3.10 所示。

图 3.10 中序号①～⑤分别表示：

①信号的零相位为雷达接收到有效透射信号的起始时间。

②信号的 1/4 波长为雷达接收到有效透射信号的起始时间。

③信号的 1/2 波长为雷达接收到有效透射信号的起始时间。

④信号的 3/4 波长为雷达接收到有效透射信号的起始时间。

⑤信号的全波长为雷达接收到有效透射信号的起始时间。

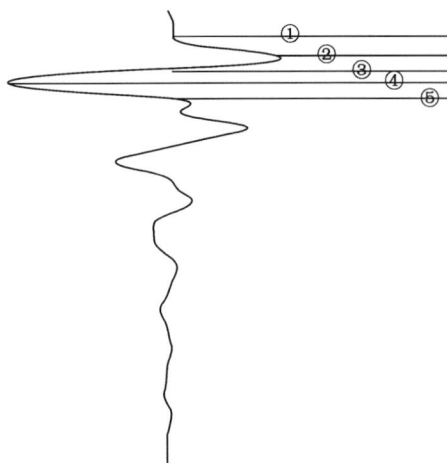

图 3.10 雷达波初至定位示意图

以上五种初至定位方式，都是根据雷达波波形具备明显判别特征的位置来确定的，在波形分析的时候便于对其观察及计算。

为此设计空气对拉实验(以下简称实验一)及铁板实验模型(图 3.11)，目的是确定雷达波的初至时间。实验一实际操作如图 3.12 所示，铁板实验雷达剖面图如图 3.13 所示。

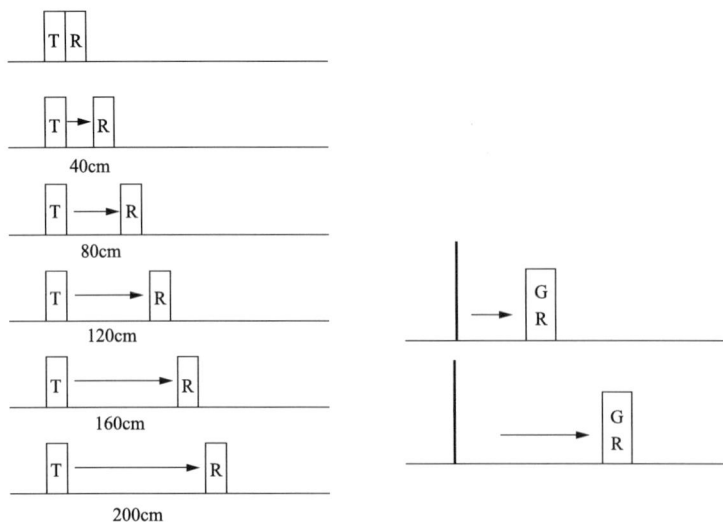

图 3.11 实验一及铁板实验模型示意图

图 3.12　实验一实际操作图

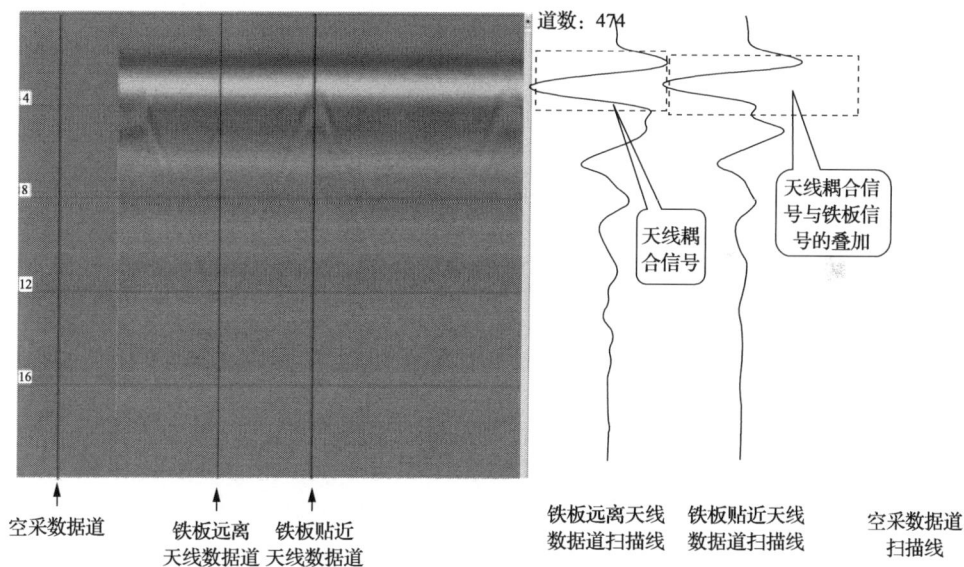

图 3.13　铁板实验雷达剖面图

当铁板远离天线时，信号为天线耦合信号，当铁板贴近天线时，信号为天线耦合信号与铁板信号的叠加。由于雷达波的叠加属于线性叠加，因此将雷达剖面中所有扫描线信号减去铁板远离天线时的扫描线信号，就可以尽可能多地消除天线耦合信号的影响，如图 3.14 所示。

从图 3.14 中分析得出如下的规律。

(1)铁板远离天线时扫描线信号较弱，是该信号作为背景被去除造成的。

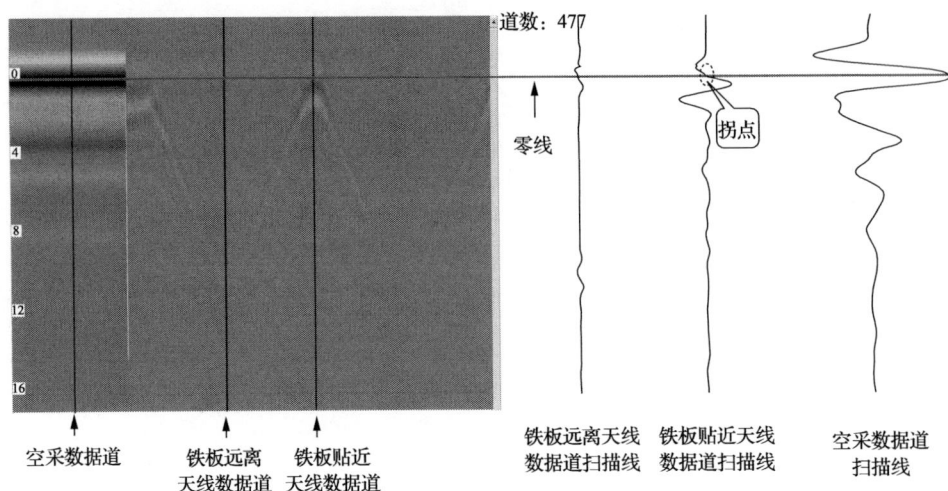

图 3.14　天线耦合信号去除剖面示意图

(2)空采数据道扫描线与原来铁板远离天线数据道扫描线相同，只是相位相反。

(3)铁板贴近天线时，扫描线中出现拐点，该扫描线是去除天线耦合信号后的结果，显然，拐点信号必定是铁板反射界面的起始信号，因此零线应该定位于该拐点处。

3.3.2　土壤介电常数计算

根据以上理论方法可知，在相同时间参数下通过对比雷达波在等距离空气中和介质中的传播时间，求解介质的介电常数是可行的，具体需要精确地解决以下问题。

1. 雷达波起跳点标定

通过实验一，以空气中雷达波的传播作为标定，将空气中的雷达波与实际通过物理模型的雷达波在同时间参数下进行对比，通过提取雷达每一道的"单道信息"进行数据分析。

如图 3.15 所示，雷达波单道信息显示出该道雷达波的波形特征，自上而下从 0 时刻开始，可根据初至波相位的选择，通过某一容易识别的特征相位(图中为第一正波峰)来定义波形的起跳点。

2. 空气及实验不同区域波形起跳点对比

以实验一为例，其介质为壤土。前 5 个波形分别对应在空气中对拉距离为 40cm、80cm、120cm、160cm、200cm，后 3 个波形为实验区域Ⅰ、Ⅱ、Ⅲ的单道雷达波信息，如图 3.16 所示。

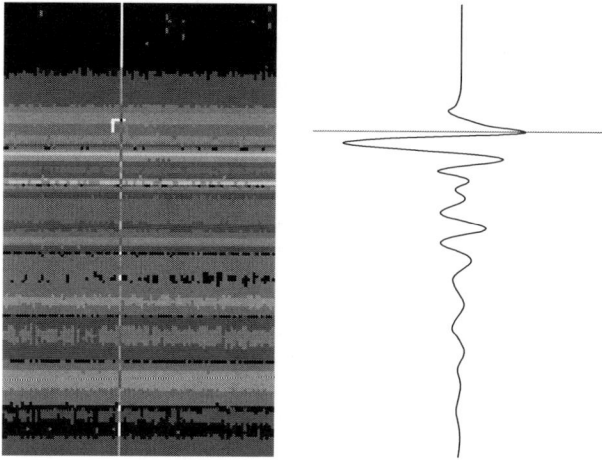

图 3.15 雷达剖面单道信息显示

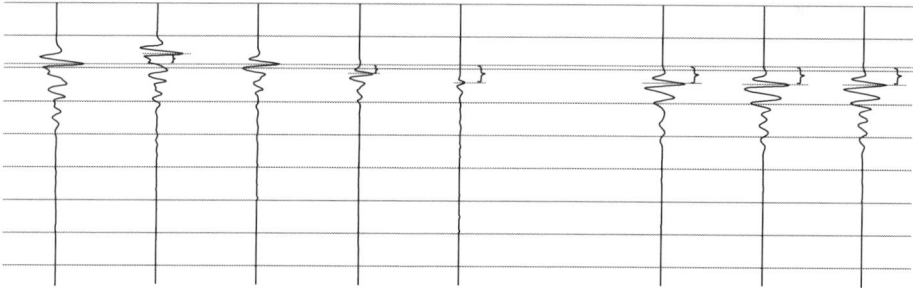

图 3.16 以第一正波峰为初至时间点的雷达波子波

图 3.16 中，取空气中相对位置不同的雷达波单道数据在同一时间坐标系下进行观测研究，将特征相位值都定位在第一正波峰，根据对拉距离的不同，起跳时间从 40cm 处开始逐渐下降，在 80cm、120cm、160cm 和 200cm 处呈阶梯状排列。

将土壤模型中实验区域 Ⅰ、Ⅱ、Ⅲ 的单道雷达波波形也放入相同时间轴，并以相同的特征相位作为起跳点，可将雷达波在空气中与介质中传播一定距离所用的时间进行比较。

图 3.17 中的雷达波单道信息，都是以第一正波峰为起跳点，读出实验一中该起跳点的时间，并通过对比及平均计算，得到在空气中 40cm、80cm、120cm 和 160cm 处的平均起跳时间。为了使实验更精确，对起跳时间进行算术平均，最终得到实验一中实际的波形起跳时间，即在两天线相对距离为 0cm 时，第一正波峰从发射天线发射并同时测量到达接收天线的时间，即第一正波峰的产生时间为 2.163ns（表 3.7）。

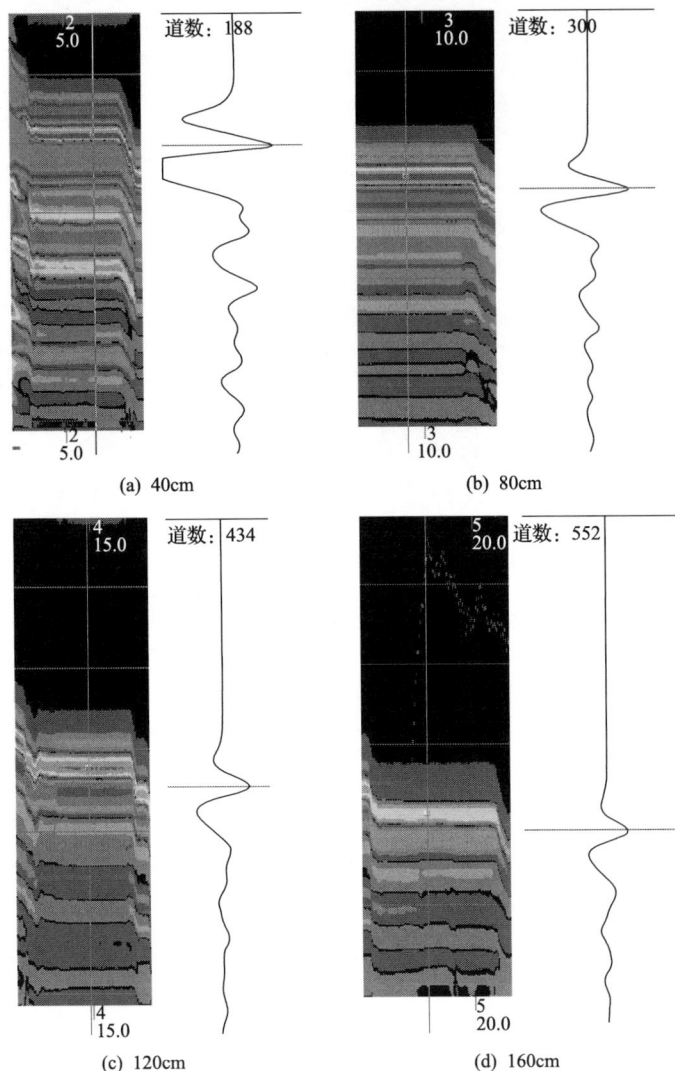

(a) 40cm　　　　　　　　　　　　　　　　(b) 80cm

(c) 120cm　　　　　　　　　　　　　　　(d) 160cm

图 3.17　40cm、80cm、120cm 和 160cm 处波形起跳点

表 3.7　实验一各对拉距离起跳时间

发射天线和接收天线间的距离/cm	道数	空气中传播时间 t_a/ns	读取初至时间 t_0/ns	空气中旅行起跳时间 t_0-t_a/ns
40	188	0.4/0.3=1.333	3.516	2.183
80	300	0.8/0.3=2.667	4.781	2.114
120	434	1.2/0.3=4.000	6.188	2.188
160	552	1.6/0.3=5.333	7.500	2.167
平均值	—	—	—	t=2.163

3. 利用起跳时间计算土壤介质中的雷达波波速

雷达波在介质中的传播比在空气中慢，根据已取得特征相位的起跳点，便可以读取雷达波在经过模型宽度 $l=56.8\text{cm}$ 后的初至时间为 $t_0=4.922\text{ns}$，则可以计算出模型中电磁波的传播速度为：$l/t_0=l/4.922=0.1154\times10^8\text{m/s}$。

再根据：$v=\dfrac{c}{\sqrt{\varepsilon}}$，其中 $c=3\times10^8\text{m/s}$，可求出介电常数 ε 的值。

表 3.8　物理模型各区域介电常数值计算

区域	起跳时间点/ns	传播速度/(m/ns)	介电常数 ε /(F/m)
区域Ⅰ（1、4 点）	5.250	0.12742	7.063255
区域Ⅱ（2、5 点）	5.344	0.12351	7.287107
区域Ⅲ（3、6 点）	5.250	0.13152	6.842895

由表 3.8 可以看出，雷达波波速与介质的介电常数有关，介质的介电常数越大，则雷达波波速越慢。用这种方法可以精确、快速地建立起土地整理质量检测中土壤介电常数的判定方法，对土地整理质量检测具有重大意义。

3.3.3　实验土壤物理参数及介电常数计算

通过测量土壤的含水率、紧实度和电导率值，并将这些控制点参数按照土壤区域模型进行平均，最终得到的土壤各参数值如表 3.9 所示，其中对于紧实度值，是从物理模型上部到下部取平均值的办法进行计算的。最终计算出各区域的介电常数值 ε。表中实验一至实验四分别对应土壤含水率测量实验、紧实度测量实验、介电性质测量、空气对拉和铁板实验。

表 3.9　土壤实验各区域介电常数值计算

实验编号	实验区域	区域平均含水率/%	区域平均电导率/(μS/m)	区域平均紧实度/kPa	介电常数 ε /(F/m)
实验一	区域Ⅰ	21.00	1411.0	269.260	7.063255
	区域Ⅱ	20.45	1503.5	308.235	7.287107
	区域Ⅲ	19.25	1200.0	220.315	6.842895
实验二	区域Ⅰ	31.85	3386.0	257.420	10.65789
	区域Ⅱ	30.10	3950.0	335.845	10.25258
	区域Ⅲ	29.00	4165.0	295.135	9.462215
实验三	区域Ⅰ	26.90	2233.0	505.405	7.910156
	区域Ⅱ	25.30	2565.0	522.875	8.195951
	区域Ⅲ	24.05	3043.0	451.565	7.910156
实验四	区域Ⅰ	27.05	1632.0	370.470	8.830449
	区域Ⅱ	21.85	1925.0	403.440	8.646750
	区域Ⅲ	24.40	1779.0	351.810	8.754202

3.4　雷达波在土壤介质中的传播特征

3.4.1　介电常数与土壤介质物理参数

1. 土壤介电常数的组成

水是自然界中介电常数最大、电磁波传播速度最低的介质，纯净水是高阻的并不导电。但当水中溶解一定量的矿物质时，水溶液则具有很好的导电性，电导率较高。一般土壤中都含水，随着含水率的升高，电导率及相对介电常数也会升高。干砂土的相对介电常数只有 2.6，电导率仅为 1.4×10^{-4}S/m，充水之后，相对介电常数升高到 25，电导率升高到 6.9×10^{-3}S/m。干燥黏土的相对介电常数是 2.4，较小，电导率是 2.7×10^{-4}S/m。当黏土充水后相对介电常数提高到 15，提高了 5 倍多，电导率升高到 5.0×10^{-2}S/m，提高了两个数量级，这是黏土中存在大量的可溶性矿物所致。

James R. Wang 和 Thomas J. Schmugge 为了说明土壤中水分的存在对相对介电常数的影响以及土壤中各成分对土壤介电常数的影响，提出了如下的介电常数经验模型。

当 $W_c \leqslant W_t$ 时：

$$\varepsilon = W_c \varepsilon_x + (P - W_c)\varepsilon_a + (1 - P)\varepsilon_r \tag{3.4}$$

式中

$$\varepsilon_x = \varepsilon_i + (\varepsilon_w - \varepsilon_i)\frac{W_c}{W_t} \cdot \gamma \tag{3.5}$$

当 $W_c > W_t$ 时：

$$\varepsilon = W_c \varepsilon_x + (W_c - W_t)\varepsilon_w + (P - W_c)\varepsilon_a + (1 - P)\varepsilon_r \tag{3.6}$$

式中

$$\varepsilon_x = \varepsilon_i + (\varepsilon_w - \varepsilon_i)\gamma \tag{3.7}$$

其中，P 为土壤的孔隙度(%)；ε_a、ε_w、ε_r、ε_i 分别为空气、水、土壤颗粒和冰的介电常数(F/m)；ε_x 为结合水的介电常数(F/m)；W_c 为土壤体积含水率(%)；W_t 为临界点含水率(%)；γ 为调节系数，根据土壤含水量的多少而调节，$0 \leqslant \gamma \leqslant 0.5$。本书的研究对象为含水率小于临界点的壤土介质。

式(3.4)~式(3.7)给出了土壤介电常数的综合运算表达式，但是并没有明显给出土壤介质物理参数变化对介电常数的影响。

2. 土壤物理参数对介电常数的影响规律及特征

1)土壤含水率对介电常数的影响特征

利用六次方程函数对表 3.9 的雷达所测得的含水率和相对介电常数进行拟合，拟合结果如图 3.18 所示。

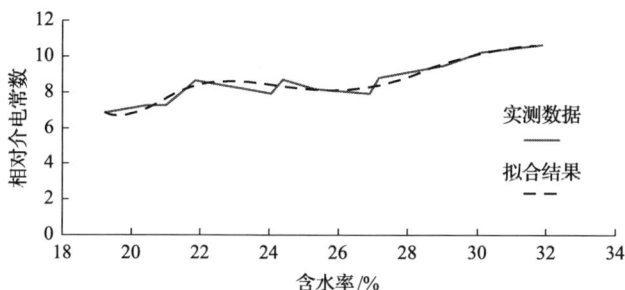

图 3.18　土壤含水率与相对介电常数拟合图

根据该拟合结果，可以获取以下拟合经验公式：

$$\varepsilon = 0.0001W_c^{6} - 0.0173W_c^{5} + 1.1246W_c^{4} + 38.652W_c^{3} + 741.19W_c^{2} - 7517.1W_c + 31503 \tag{3.8}$$

相关系数 $R^2 = 0.9346$。

利用相关分析，实测数据与拟合结果的相关度达到 0.9346，拟合曲线基本反映了介电常数随含水率的变化趋势规律，即随着含水率的增大，介电常数值增大。

2)土壤电导率对介电常数影响特征

利用六次方程函数对表 3.9 的电导率和相对介电常数值进行拟合，拟合结果如图 3.19 所示。

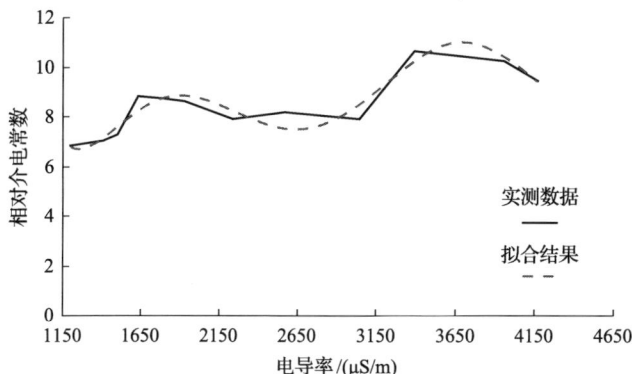

图 3.19　土壤电导率与相对介电常数拟合图

根据该拟合结果，可以获取拟合经验公式：

$$\varepsilon = 0.00001\lambda^6 - 0.0003\lambda^5 - 0.0165\lambda^4 + 0.2863\lambda^3 - 1.5497\lambda^2 + 2.5014\lambda + 9.2969 \quad (3.9)$$

利用相关分析，实测数据与拟合结果的相关度达到 0.90，拟合曲线与实测曲线具有较好的相关性，基本反映介电常数受电导率的影响的变化趋势，即随着电导率的增加，土壤介电常数总体呈增长趋势。

3) 土壤紧实度对介电常数影响特征

利用六次方程函数对表 3.9 的紧实度和相对介电常数值进行拟合，拟合结果如图 3.20 所示。

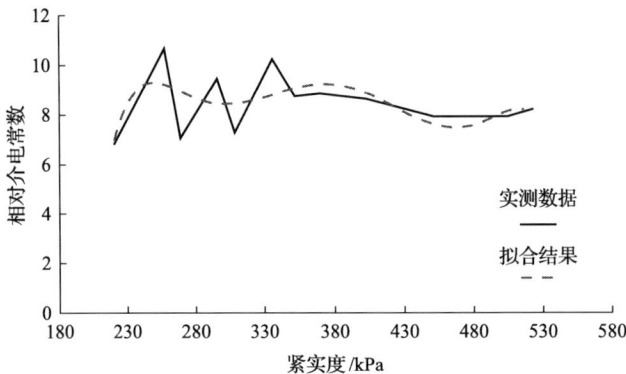

图 3.20　土壤紧实度与相对介电常数拟合图

根据该拟合结果，可以获取拟合经验公式：

$$\varepsilon = 0.0004C^6 - 0.0191C^5 + 0.3235C^4 - 2.6939C^3 + 11.388C^2 - 22.56C + 24.13$$

$$(3.10)$$

式中，C 为真空中电磁波的传播速度。

利用相关分析，实测数据与拟合结果的相关度达到 0.3354，拟合曲线与实测数据的相关性较差，不能反映出紧实度与介电常数的变化规律。

4) 土壤物性对介电常数综合影响特征

综合含水率、电导率和紧实度对介电常数的影响，结合曲线拟合和相关性参数，得出土壤物性对介电常数的综合影响。

$$\varepsilon = (0.00009W_c^6 + 0.00001\lambda^6 + 0.00013C^6) + (-0.01617W_c^5 - 0.00027\lambda^5 - 0.00641C^5)$$
$$+ (1.05105\,W_c^4 - 0.01485\lambda^4 + 0.10850C^4) + (36.12416W_c^3 + 0.25767\lambda^3 - 0.90353C^3)$$
$$+ (692.716W_c^2 - 1.39473\lambda^2 + 3.81954C^2) + (-7025.48166W_c + 2.25126\lambda - 7.56662C)$$
$$+ 29459.16421$$

3.4.2　雷达传播主频与土壤介质物理参数研究

土壤物理参数对雷达主频的影响研究，以土壤介质对雷达波响应实验模型为例，对第一负波峰到第一正波峰之间的时间差进行分析，并以时间差倒数作为该雷达波的主要频率值，比较时间差及频率值与对应的模型物理参数之间的关系，如图 3.21 所示。

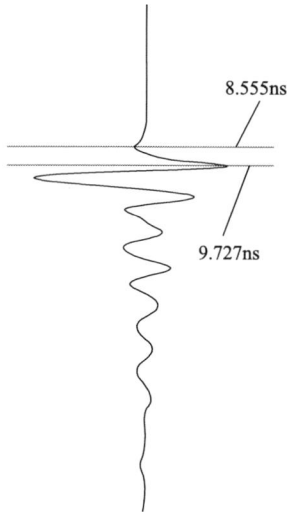

图 3.21　雷达波频率值分析

以第一负波峰和第一正波峰为界限，分别读取两波峰的起始时间，则其差值的倒数约为该单道雷达波在该波长范围下的频率值：

$$10^9 \times \{1/[(9.727 - 8.555) \times 2]\} \approx 427\text{MHz}$$

雷达数据的主频范围受到土壤物理性质的影响，因此将雷达波主频与影响它的物理参数分别进行拟合，发现雷达波主频与土壤的含水率和电导率具有较好的拟合效果，可以有效反映出含水率及电导率对土壤雷达波主频的影响。

1. 含水率对雷达波主频的影响

利用六次方程函数对表 3.10 中的含水率对雷达波主频的影响进行拟合，拟合结果如图 3.22 所示。

表 3.10   土壤实验各区域雷达波主频分析

实验编号	实验区域	区域平均含水率/%	区域平均电导率/(μS/m)	区域平均紧实度/kPa	介电常数 ε	第一负波峰到第一正波峰时间差/ns	雷达波主频/GHz
实验一	区域Ⅰ	21.00	1411.0	269.260	7.063255	0.703	0.711238
	区域Ⅱ	20.45	1503.5	308.235	7.287107	0.703	0.711238
	区域Ⅲ	19.25	1200.0	220.315	6.842895	0.625	0.800000
实验二	区域Ⅰ	31.85	3590.0	257.420	10.65789	1.230	0.406504
	区域Ⅱ	30.10	3910.0	335.845	10.25258	1.113	0.449236
	区域Ⅲ	29.00	4165.0	295.135	9.462215	0.879	0.568828
实验三	区域Ⅰ	26.90	2500.0	505.405	7.910156	0.844	0.592417
	区域Ⅱ	25.30	2565.0	522.875	8.195951	0.844	0.592417
	区域Ⅲ	24.05	2580.0	451.565	7.910156	0.750	0.666667
实验四	区域Ⅰ	27.05	1543.0	370.470	8.830449	0.741	0.674764
	区域Ⅱ	21.85	1725.0	403.440	8.646750	0.753	0.664011
	区域Ⅲ	24.40	1655.0	351.810	8.754202	0.703	0.711238

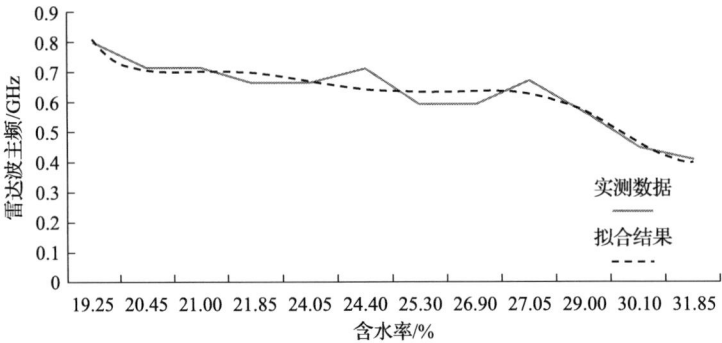

图 3.22   雷达波主频与含水率拟合图

获取拟合经验公式：

$$F=0.00003W_c^6-0.001W_c^5+0.0154W_c^4-0.1145W_c^3+0.4352W_c^2-0.804W_c+1.2719 \quad (3.11)$$

式中，F 为相关度。

利用相关分析，实测数据与拟合结果的相关度达到 0.92，拟合曲线与实测值具有较好的相关性，基本反映雷达波主频受含水率影响的变化趋势：随着含水率的升高，雷达波主频范围逐渐降低。

2. 电导率对雷达波主频的影响

利用五次方程函数对表 3.10 中的电导率对雷达波主频的影响进行拟合，拟合曲线如图 3.23 所示。

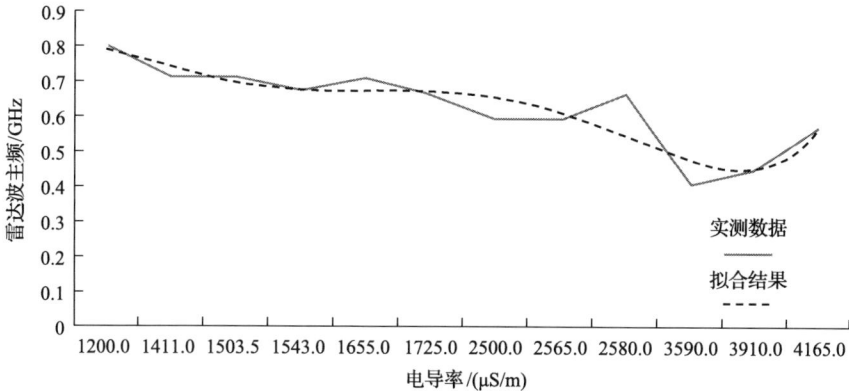

图 3.23　土壤电导率与雷达波主频拟合图

得到拟合经验公式：

$$F = 0.00006\lambda^5 - 0.0017\lambda^4 + 0.0152\lambda^3 - 0.0506\lambda^2 + 0.0194\lambda + 0.8071 \quad (3.12)$$

利用相关分析，实测数据与拟合结果的相关度达到 0.88，拟合曲线与实测值具有较好的相关性，基本反映雷达波主频受电导率影响的变化趋势。

结合趋势变化规律，在土壤含水率和电导率越高的情况下，雷达波能量的主频率值越低，能量越弱，随主频的降低其能量值呈现衰减趋势。

参 考 文 献

崔凡. 2012. 基于探地雷达的土地整理质量检测关键技术研究. 北京: 中国矿业大学(北京).

付国强. 2006. 铁路路基雷达波传播规律研究. 北京: 中国矿业大学(北京).

胡广书. 2004. 现代信号处理教程. 北京: 清华大学出版社.

杨峰. 2004. 探地雷达系统及其关键技术的研究. 北京: 中国矿业大学(北京).

张贤达. 1999. 现代信号处理. 北京: 清华大学出版社.

Wang J R, Schmugge T J. 1980. An empirical model for the complex dielectric permittivity of soils as a function of water content. IEEE Transactions on Geosciences and Remote Sensing, 18(4): 625-627.

第4章 土壤物性识别算法

本章主要介绍 ARMA 功率谱的基本概念，之后引入滚动 ARMA 功率谱分析方法，并对该方法进行分析，阐明了其具有更高的精确性。然后，将此方法应用于土壤物理参数分析，找出不同频率功率谱值与土壤物理参数的拟合关系。

4.1 ARMA 谱分析方法

探地雷达图像的综合解释，目前总体来说可分为直接和间接这两大类。直接解释即常规处理，在对雷达原始数据进行滤波、叠加等处理后，根据反射波的特征几何地质资料对反射波信号做出定性及定量的解释。间接解释则是采用了一些基于雷达波属性的物理数学理论方法，找出合适的特征参量以进行雷达解释。由于资料解释是依靠物性及特征参数进行的，此种方法便在某些程度上减少了直接解释的主观性和多解性问题，也提高了资料解释的准确性。目前属性解释，即间接解释的资料处理方法有很多，如傅里叶谱分析法、等效系统法、小波变换法、分形理论方法等，每种方法都有其特性，但也具有一定的局限性。

另外，普通傅里叶变换技术并不适用于高噪声复杂环境下的有效信号识别。因此，本书引入现代谱估计中的自回归滑动平均谱估计方法来分析识别反射信号中的非平稳型信号，又通过对谱剖面加入时间窗进一步推出了滚动 ARMA 功率谱的剖面技术，通过使用此项技术对雷达数据进行处理，为土地整理质量检测提出了新的方法。

4.1.1 平稳 ARMA 过程

1. 协方差与功率谱

若 $\{x(t), t \in T\}$ 是一个对每个 $t \in T$ 均满足 $\mathrm{var}\{x(t)\} < \infty$ 的实（值）过程，则 $\{x(t)\}$ 的自协方差函数 $\gamma_x(r,s)$ 定义为

$$
\begin{aligned}
\gamma_x(r,s) &= \mathrm{cov}\{x(r), x(s)\} \\
&= E\{[x(r) - Ex(r)][x(s) - Ex(s)]\} \qquad (r, s \in T)
\end{aligned}
\tag{4.1}
$$

令指标集 $Z = \{0, \pm 1, \pm 2, \cdots\}$，若

(1) $E|x(t)|^2 < \infty$ （对于所有 $t \in Z$）；

(2) $E\{x(t)\} = m$ （对于所有 $t \in Z$）；

(3) $\gamma_x(r,s) = \gamma_x(r+t, s+t)$ （对于所有 $r,s,t \in Z$）；

则时间序列 $\{x(t), t \in Z\}$ 是平稳的。

若 $\{x(t), t \in Z\}$ 是平稳的，则 $\gamma_x(r,s) = \gamma_x(r-s, 0)$，$r$ 及 $s \in Z$。因此，通常将一个平稳过程的自协方差函数定义为单个变元的函数，即

$$\gamma_x(\tau) = \gamma_x(\tau, 0) = \text{cov}\{x(t+\tau), x(t)\} \qquad (t, \tau \in Z) \tag{4.2}$$

如果实值函数是一个平稳过程 $\{x(t)\}$ 的自协方差函数，则其具有如下的性质：

(1) $\gamma(0) \geqslant 0$

(2) $|\gamma(\tau)| \leqslant \gamma(0)$ （$\tau = 0, \pm 1, \cdots$）

(3) $\gamma(\tau) = \gamma(-\tau)$ （$\tau = 0, \pm 1, \cdots$）

(4) 定义在正整数集 Z^+ 上的一个实值函数 $\gamma(\tau)$ 是非负的，即对所有 $n \in Z$ 和所有实数 a_k 有

$$\sum_{i=1}^{n} \sum_{j=1}^{n} a_i \gamma(i-j) a_j \geqslant 0 \tag{4.3}$$

当且仅当 $\gamma(x)$ 是一个平稳时间序列的自协方差函数时，式(4.3)成立。

对于一个零均值平稳过程 $\{x(t)\}$，其自协方差 $\gamma(\tau)$ 与自相关 $R(\tau) = E\{x(t+\tau)x(t)\}$ 恒等，即

$$\gamma(\tau) = R(\tau) = E\{x(t+\tau)x(t)\} \tag{4.4}$$

在信号处理中，通常将一个平稳过程变为零均值，并使用整数域上定义的协方差(即自相关)函数。

平稳过程 $\{x(t)\}$ 的功率谱密度为

$$P(\omega) = \sum_{k=-\infty}^{\infty} R(k) e^{-jk\omega} \tag{4.5}$$

则自相关函数是功率谱的傅里叶逆变换，即

$$R(k) = \frac{1}{2\pi} \int_{-\pi}^{\pi} P(\omega) e^{jk\omega} d\omega \qquad (k = 0, \pm 1, \cdots) \tag{4.6}$$

2. ARMA 过程的定义

若 $\{x(t)\}$ 是平稳的且对每个 $t \in Z$，有

$$
\begin{aligned}
&x(t) + \varphi_1 x(t-1) + \cdots + \varphi_p x(t-p) \\
&= e(t) + \theta_1 e(t-1) + \cdots + \theta_q e(t-q)
\end{aligned}
\tag{4.7}
$$

则 $\{x(t)\}$ 为一次 ARMA (p,q) 过程。其中，$e(t)$ 是一个均值为零、方差为 σ^2 的白噪声，记为：$e(t) \sim x(t)$。若 $\{x(t) - \mu\}$ 是 ARMA (p,q) 过程，则 $\{x(t)\}$ 是具有均值 μ 的 ARMA (p,q) 过程。式(4.7)中的 φ_i $(i=1,2,\cdots,p)$ 和 θ_j $(j=1,2,\cdots,q)$ 分别称为自回归(AR)参数和移动平均(MA)参数，p 和 q 分别称为 AR 阶数和 MA 阶数。

ARMA 过程更紧凑的表达形式：

$$
\varphi(B)x(t) = \theta(B)e(t) \qquad (t = 0, \pm 1, \pm 2, \cdots) \tag{4.8}
$$

式中，B 为 p、q 公有部分。

其中多项式 φ 和 θ 分别称为差分方程[式(4.8)]的 AR 和 MA 多项式，即有

$$
\varphi(z) = 1 + \varphi_1 z^{-1} + \cdots + \varphi_p z^{-p} \tag{4.9}
$$

$$
\theta(z) = 1 + \theta_1 z^{-1} + \cdots + \theta_q z^{-q} \tag{4.10}
$$

1) MA (q) 过程

若 $\varphi(z) \equiv 1$，则

$$
x(t) = \theta(B)e(t) \tag{4.11}
$$

并称该过程是一个阶数为 q 的移动平均过程，记为 MA (q)。很明显，此时差分方程[式(4.8)]有唯一解。

2) AR (p) 过程

若 $\theta(z) \equiv 1$，则

$$
\varphi(B)x(t) = e(t) \tag{4.12}
$$

而且该过程为一个阶数为 p 的自回归过程，记为 AR (p)。解 $x(t)$ 的存在且唯一性取决于 AR 过程的因果性，即也存在一个常数序列 $\{\psi_j\}$，使 $\sum_{j=0}^{\infty} |\psi_j| = 1$，且

$$
x(t) = \sum_{j=0}^{\infty} \psi_j e(t-j) \qquad (t = 0, \pm 1, \cdots) \tag{4.13}
$$

式中，系数 $\{\psi_j\}$ 由式(4.14)确定：

$$\psi(z) = \sum_{j=0}^{\infty} \psi_j z^{-1} = \theta(z) / \varphi(z) \qquad (|z| \geqslant 1) \tag{4.14}$$

综上分析，可以归纳描述 ARMA 过程，AR 和 MA 模型之间的关系符合 "Wold 分解定理"，即任一有限方差平稳 MA 过程都可表示成唯一、阶数可无穷大的 AR 过程；同理，任一 AR 过程也可表示成一个阶数可无穷大的 MA 过程。

4.1.2 ARMA 谱分析方法

1. ARMA 谱密度

ARMA 谱分析方法实质上是建模方法，通过对平稳线性信号过程建立模型来估计功率谱密度。

令 $\{x(n)\}$ 满足差分方程：

$$x(n) + a_1 x(n-1) + \cdots + a_p x(n-p) = e(n) + b_1 e(n-1) + \cdots + b_q e(n-q) \tag{4.15}$$

其经过平稳 $\text{ARMA}(p,q)$ 过程，则 $\{x(n)\}$ 具有谱密度：

$$P_x(\omega) = \frac{|B(z)|^2}{|A(z)|^2} \sigma^2 \tag{4.16}$$

式中，$z = e^{-j\omega}$；$A(z) = 1 + a_1 z^{-1} + \cdots + a_p z^{-p}$；$B(z) = 1 + b_1 z^{-1} + \cdots + b_q z^{-q}$；$\{e(n)\} \sim \text{WN}(0, \sigma^2)$。

由式(4.16)定义的谱密度值为两个多项式的比，通常称为有理式谱密度，该式表明一个离散参数的 ARMA 过程谱密度是 $e^{-j\omega}$ 的有理式函数，反之，如果已知平稳过程 $\{x(n)\}$ 具有如式(4.16)般的有理式谱密度，那么 $\{x(n)\}$ 是一个如式(4.15)所描述的 $\text{ARMA}(p,q)$ 过程。

2. ARMA 谱分析方法

式(4.16)提供了一种 ARMA 谱分析方法，但该方法需要确定 ARMA 过程的 AR 阶数 p 和参数 a_i ($i=1,2,\cdots,p$)，还需要确定 MA 阶数 q 和参数 b_j ($j=1,2,\cdots,q$)，激励白噪声方差 σ^2 也需要事先确定。本书采用 Cadzow 谱分析法以减少参数个数，并且实现功率谱计算。

为方便分析，使用 $P_x(z)$ 表示 $\{x(n)\}$ 过程功率谱，可以将式(4.16)写成

$$P_x(z) = \frac{B(z)B(z^{-1})}{A(z)A(z^{-1})}\sigma^2 \tag{4.17}$$

对式(4.17)进行如下分解：

$$P_x(z) = \frac{B(z)B(z^{-1})}{A(z)A(z^{-1})}\sigma^2 = \frac{N(z)}{A(z)} + \frac{N(z^{-1})}{A(z^{-1})} \tag{4.18}$$

式中，$N(z)$ 为 p 阶多项式：

$$N(z) = \sum_{i=0}^{p} n_i z^{-i} \tag{4.19}$$

式中，n_i 为系数。

$A(z)$、$B(z)$ 之间存在关系：

$$A(z)N(z^{-1}) + A(z^{-1})N(z) = B(z)B(z^{-1})$$

平稳过程功率谱定义式：

$$P_x(z) = \sum_{k=-\infty}^{+\infty} R_x(k)z^{-k} = \sum_{k=0}^{+\infty} r(k)z^{-k} + \sum_{k=-\infty}^{0} r(-k)z^{-k} \tag{4.20}$$

式中

$$r(k) = \begin{cases} 0.5R_x(k) & (k = 0) \\ R_x(k) & (k \neq 0) \end{cases} \tag{4.21}$$

$R_x(k)$ 是 x 的自相关系数，考虑式(4.18)和式(4.20)，显然可有

$$\frac{N(z)}{A(z)} = \frac{\displaystyle\sum_{i=0}^{p} n_i z^{-i}}{\displaystyle\sum_{i=0}^{p} a_i z^{-i}} = \sum_{k=0}^{+\infty} r(k)z^{-k} \tag{4.22}$$

式(4.22)左右同乘 $\displaystyle\sum_{i=0}^{p} a_i z^{-i}$，并比较两边同幂次项的系数，可得

$$n_k = \sum_{i=0}^{p} a_i r(k-i) \tag{4.23}$$

式(4.18)称为 Cadzow 谱分析式，若自相关函数 $R(0), R(1), \cdots, R(p)$ 以及 AR 阶

数 p 和参数 a_i 为定值,则系数 n_k 即可由式(4.21)及式(4.23)确定,从而功率谱可以求得。

4.1.3 ARMA 与经典傅里叶数据分析对比

1. 傅里叶变换振幅谱和 ARMA 谱密度对比

图 4.1(a)是在正常区域选取出的雷达探测波形,图 4.1(b)是该信号对应的傅里叶变换振幅谱归一化曲线,图 4.1(c)是对应 ARMA 谱密度归一化曲线。对比图 4.1(b)和(c),采用 ARMA 谱密度时,其高频成分能量比例明显得到提高,在有效的带宽范围内,其高频成分的识别特征得到加强。因此 ARMA 谱密度比傅里叶变换振幅谱具有更高的分辨能力。

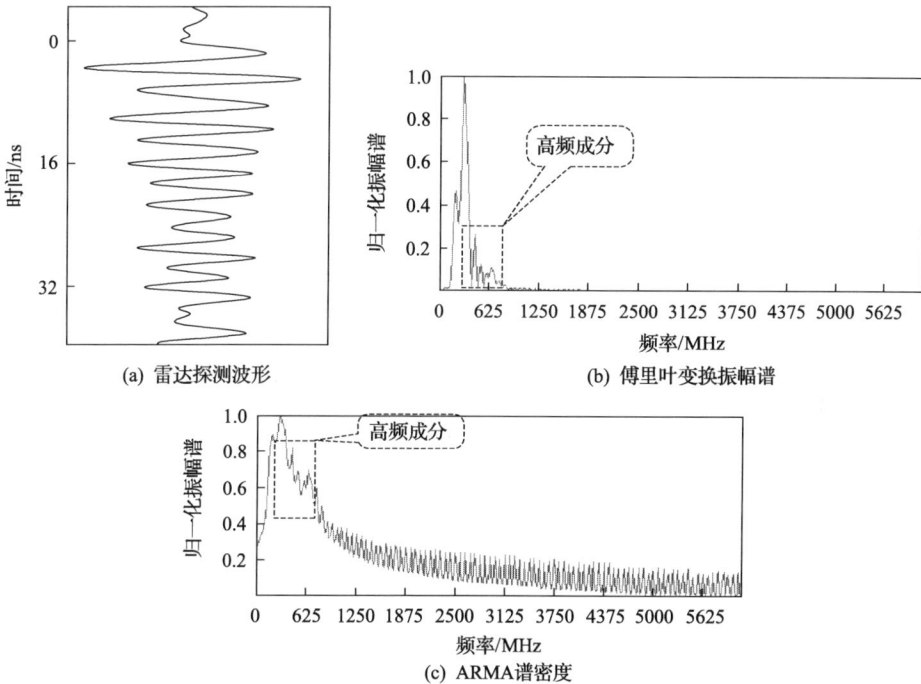

图 4.1 傅里叶变换振幅谱与 ARMA 谱密度对比

2. 不同模型 ARMA 谱密度分析

为了对比分析地下正常地层、破碎区和松散区对雷达波的 ARMA 谱密度的影响,本书进行了物理模型对比分析,物理模型参见图 4.2,为了避免地下水的影响,在回填区的底部敷设 0.2m 的干燥锯末。本次模型主要考虑在干燥环境下松散区和破碎区对电磁波 ARMA 谱响应特征的影响,因此采用的回填介质均为经过干燥处理的高阻松散土和不规则碎石，其相对介电常数均控制在 7 以下。物理模型分为以下三种：①原地层，该地层未受到任何开挖扰动；②空洞松散区，开挖后采用高阻松土回填，模拟土壤信息；③碎石回填区，开挖后采用不均匀的碎石回填，最大碎石直径有 0.5m，回填后经过压实处理，模拟地下岩层破碎区。图 4.3 是物理模型的雷达探测剖面。探地雷达探测时主动发射宽带电磁波，由于接收天线与发射天线之间不能做到完全隔离，因此天线之间存在较强的天线耦合影响区域，该区域是天线耦合信号与近地表地层响应信号叠加的结果，当地下介质信号较强时，会引起耦合信号的扰动，图 4.3 中碎石回填区对天线耦合信号产生明显的扰动。

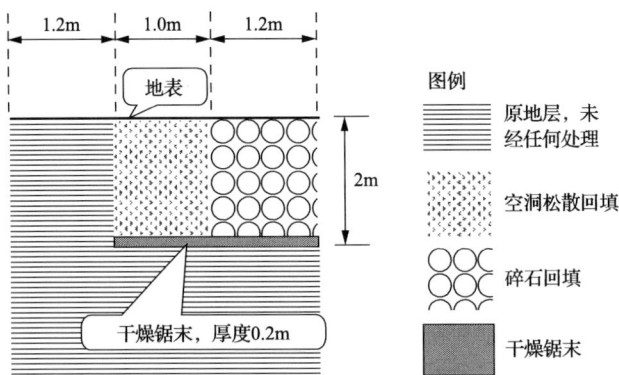

图 4.2　物理模型

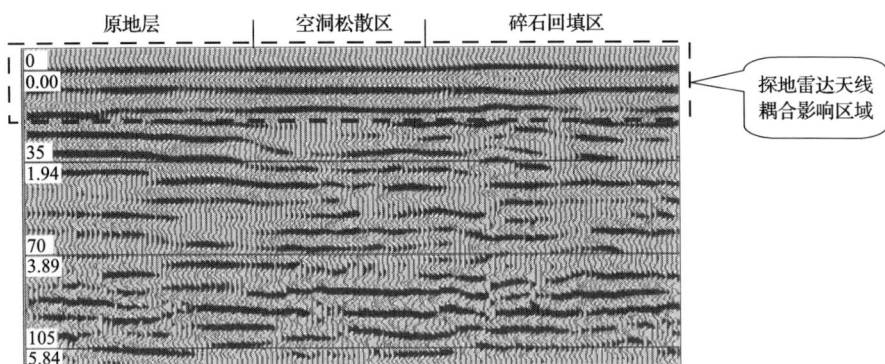

图 4.3　物理模型雷达探测剖面

　　下面分别对不同地层的 ARMA 谱进行分析。为了避免单道信号受到干扰，本次对不同地层结构所有道进行 ARMA 谱计算，并将计算结果取均值，分析结果参见图 4.4。图 4.4(a) 为原地层 ARMA 谱密度曲线，能量最强频率位于 131MHz；图 4.4(b) 空洞松散区能量最强频率位于 96MHz；图 4.4(c) 碎石回填区能量最强频率位于 168MHz。由于空洞松散回填介质均匀，介电常数差异不明显，因此散射场较弱，而碎石回填区具有较强的散射场，散射波之间产生干涉波，而雷达发射宽频信号，散射波的相互干涉突出了雷达波高频成分，由于雷达波低频成分的衍射能量强，其能量主要向下传递，从而导致碎石回填区主频成分偏高。

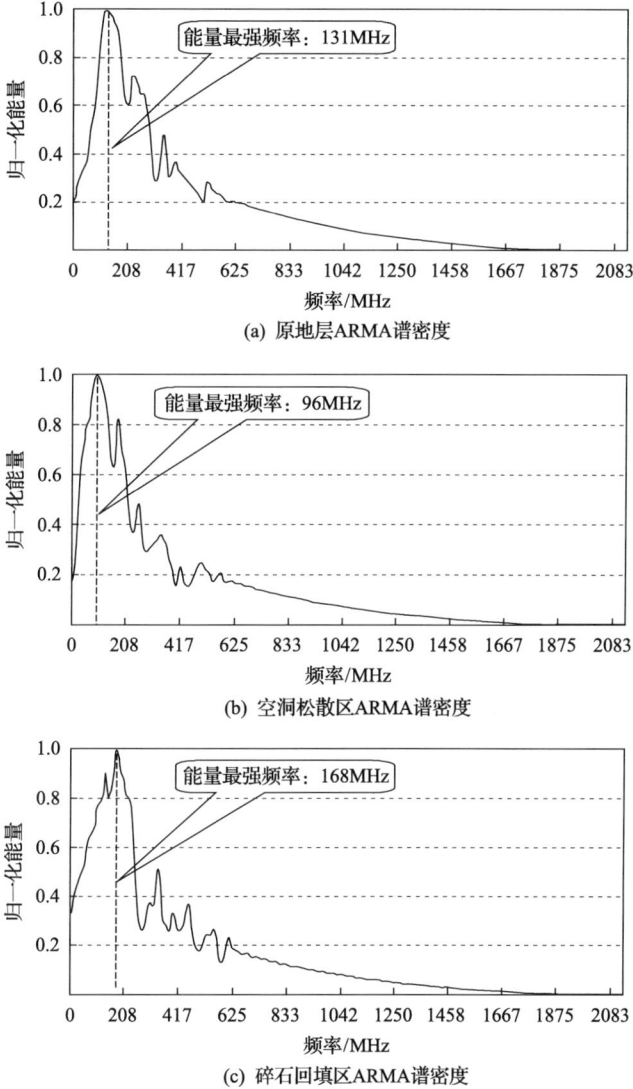

(a) 原地层ARMA谱密度

(b) 空洞松散区ARMA谱密度

(c) 碎石回填区ARMA谱密度

图 4.4　模型 ARMA 谱密度曲线

为了增强对比效果，在雷达探测有效带宽(240MHz)范围内进行趋势对比分析，将图 4.4 纵坐标和频率的乘积作为新的纵坐标，而横坐标为频率，构造频率能量趋势图，如图 4.5 所示。图 4.5 是不同地层对应的频率能量趋势曲线，曲线分为三部分：低频区域、主频区域和高频区域，空洞松散区在低频区域能量最高，原地层在主频区域能量最高，而碎石回填区在高频区域能量最高，这也说明空洞松散回填增强了电磁波低频响应能量，而碎石回填增强了电磁波高频响应能量。ARMA 功率谱分析技术相对于傅里叶变换振幅谱而言，具有更高的分辨谱变化的能力。

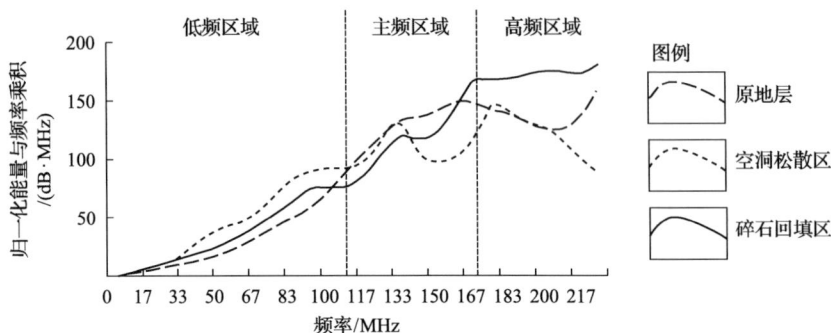

图 4.5　频率能量趋势曲线

4.2　土壤介质功率谱特征分析

本节改变土壤介质的类型，以及同种土壤介质的紧实度、含水率和电导率值，再进行探测。不同的含水率、紧实度，可以引起雷达波的不同响应，将实验一到实验四的模型物理参数按照不同区域进行整理，分析在不同土壤介质下的功率谱特征。

4.2.1　功率谱包络分布分析

对雷达实测物理模型的信号进行功率谱分析，根据功率谱包络的分布情况，研究谱值的分布及能量特点等。

雷达功率谱特征多以呈现包络情况为主，一般功率谱的分布如图 4.6 所示，图 4.6 为土壤实验一区域Ⅰ的雷达数据功率谱包络分布情况，图中功率谱形成了波

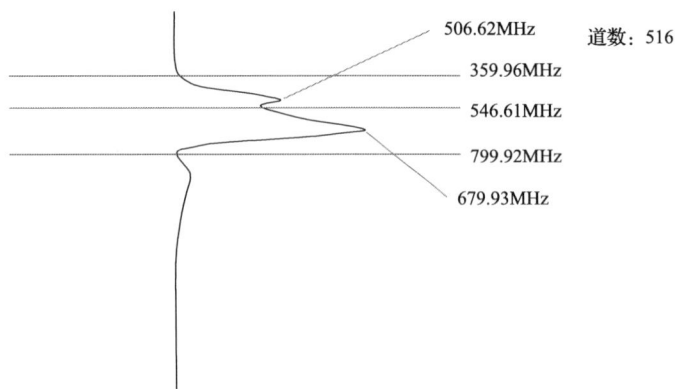

图 4.6　实验一区域Ⅰ功率谱包络分析图

峰分别在 506.62MHz 和 679.93MHz 的两个包络，其中低频包络（波峰为 506.62MHz）的能量值，即该包络所形成的积分面积小于高频包络（波峰为 679.93MHz）的积分面积。

同样，图 4.7 所示为实验四区域 II 的雷达数据功率谱包络分析情况，可以看出以 508.31MHz 为中心的低频包络能量值（定积分面积），小于以 658.31MHz 为中心的高频包络能量值。

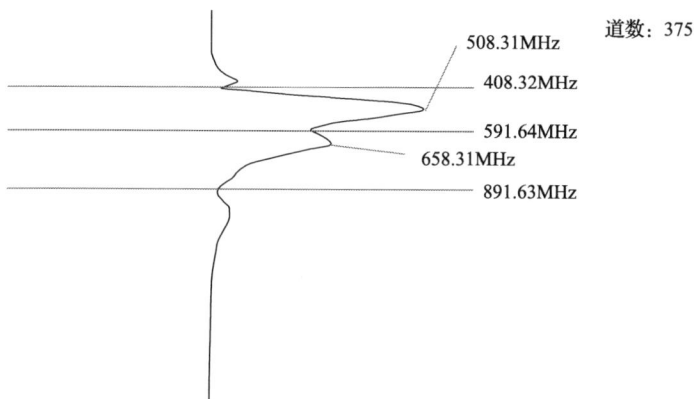

图 4.7 实验四区域 II 功率谱包络分析图

对这两个区域的物理参数进行分析，发现这两个区域在含水率较接近的情况下（21.00% 和 21.85%），其紧实度和电导率都有较大差异：实验一区域 I 紧实度为 269.260kPa，电导率为 1411.0μS/m；实验四区域 II 紧实度为 403.440kPa，电导率为 1725μS/m。

由上述分析可知，参数对功率谱分布情况的影响是综合的。

4.2.2 功率谱频率能量分布分析

1. 功率谱与土壤含水率关系分析

根据以上功率谱情况的分析，选取实验中含水率不同的 3 个区域，进行功率谱与含水率的关系分析。如图 4.8 所示，随着含水率（表 4.1）的不同，雷达功率谱能量的包络中心频率（表 4.2）和分布形状也不同。

根据以上分析，可以简单判断出：随着含水率的增加，雷达波功率谱所对应的低频包络能量值逐渐增加。该规律也符合电磁波传播理论：由于水对高频雷达波的吸收性更强，从而含水率越高，高频电磁波被吸收得越多，低频值所占全部能量的比例越高。

506.62MHz

359.96MHz

546.61MHz

799.92MHz

679.93MHz

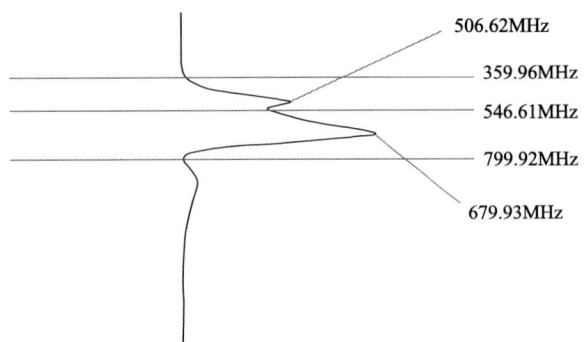

(a) 实验一区域 I

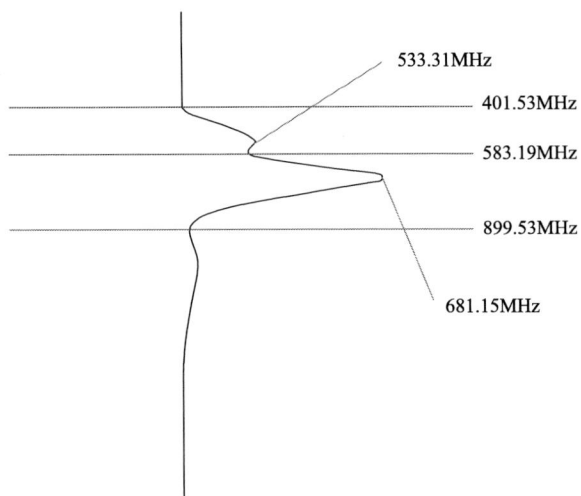

533.31MHz

401.53MHz

583.19MHz

899.53MHz

681.15MHz

(b) 实验三区域 III

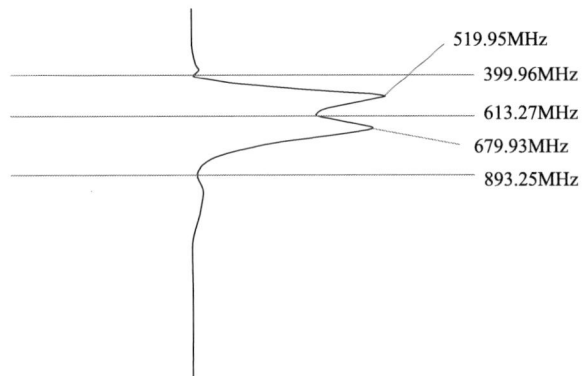

519.95MHz

399.96MHz

613.27MHz

679.93MHz

893.25MHz

(c) 实验二区域 II

图 4.8　三个区域功率谱分布情况分析

表 4.1　三个区域含水率情况

实验点序号	1	2	3
区域选择	实验一 区域Ⅰ	实验三 区域Ⅲ	实验二 区域Ⅱ
含水率/%	21.00	24.05	30.10

表 4.2　三个区域功率谱包络情况分析

实验点序号	低频包络中心频率/MHz	低频包络频率范围/MHz	低频包络频率叠加值/MHz	高频包络中心频率/MHz	高频包络频率范围/MHz	高频包络频率叠加值/MHz
1	506.62	359.96～546.61	347112	679.93	546.61～799.92	685533
2	533.31	401.53～583.19	476846	681.15	583.19～899.53	943597
3	519.95	399.96～613.27	496620	679.93	613.27～893.25	775449

　　根据该规律，理论上存在一个合适的高低频分界点，可以分割雷达波功率谱的高低频部分，使得低频部分包络能量占总能量的比值与含水率有最优相关性。此处通过统计分析方法，寻找最优相关所对应的频率值分界点。

　　从原始数据中提取各频率对应的能量数据，取 $\Delta=10\text{MHz}$，依次假设分界点为 $n\Delta$，算出假设条件下低频包络能量占总能量的比值，用得到的一系列比值与实测含水率比较，计算相关系数，得到的相关系数最大值对应的分界点即寻找的高低频分界点。分析过程中的相关性分析如图 4.9～图 4.19 所示。

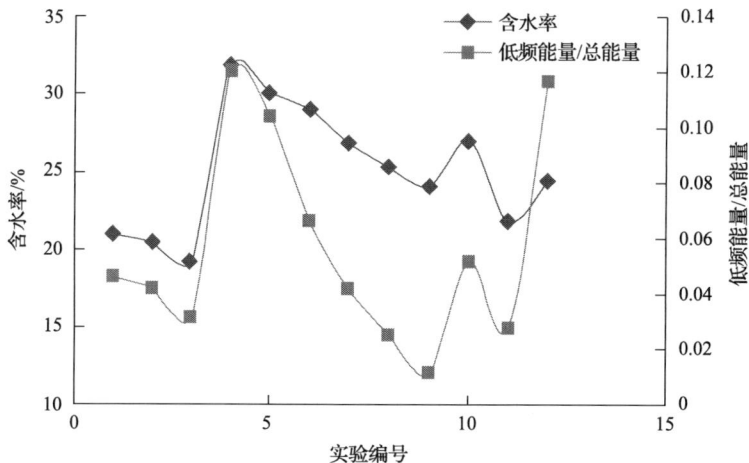

图 4.9　分割频率为 400MHz 时的相关性

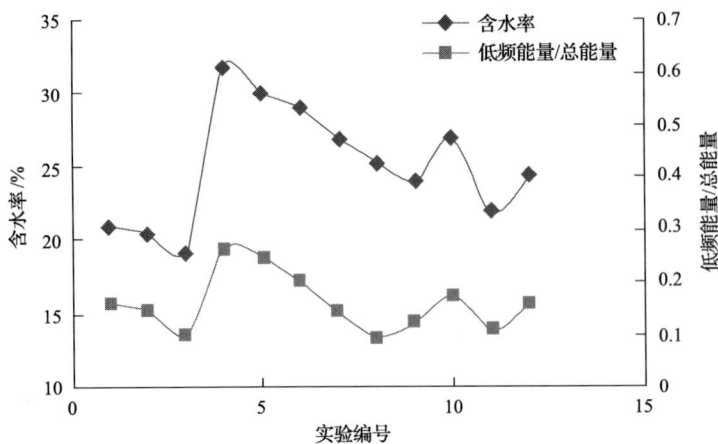

图 4.10　分割频率为 500MHz 时的相关性

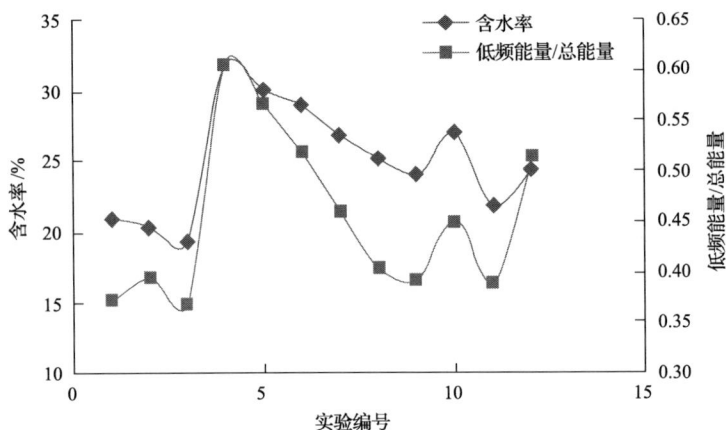

图 4.11　分割频率为 600MHz 时的相关性

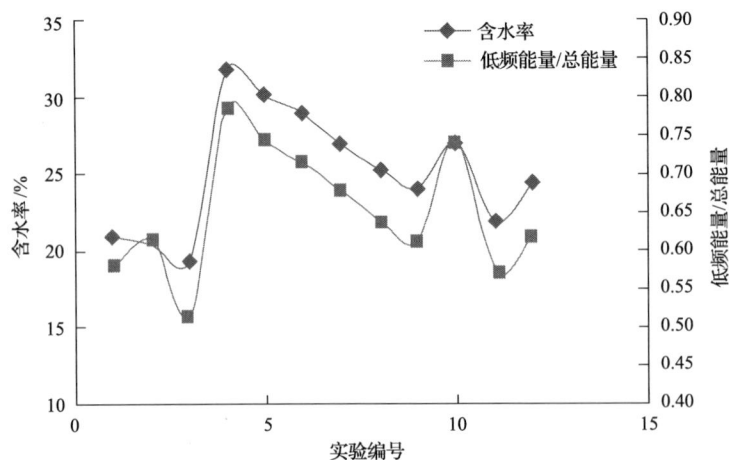

图 4.12　分割频率为 660MHz 时的相关性

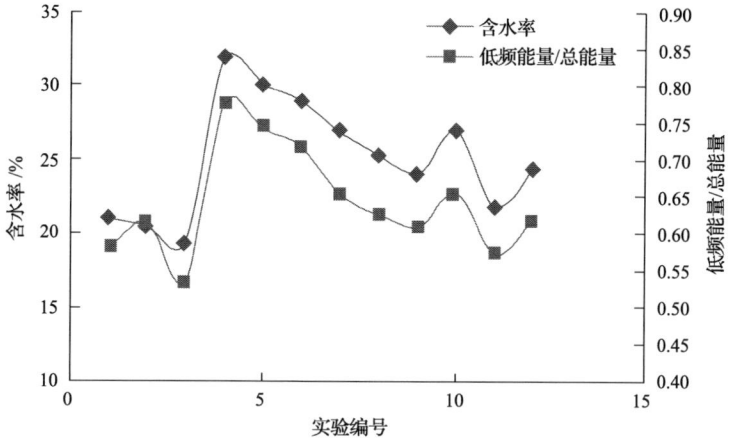

图 4.13 分割频率为 670MHz 时的相关性

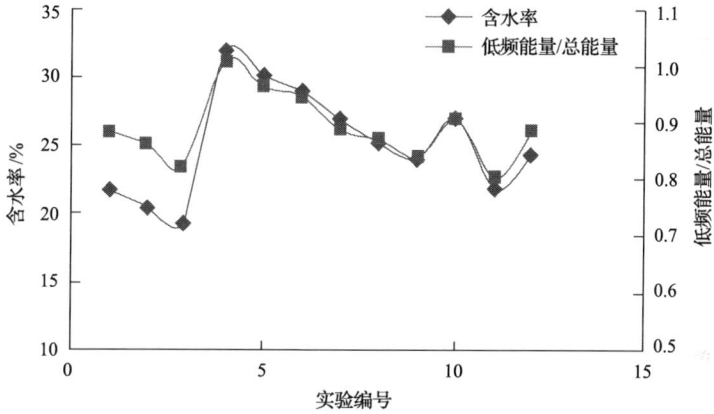

图 4.14 分割频率为 800MHz 时的相关性

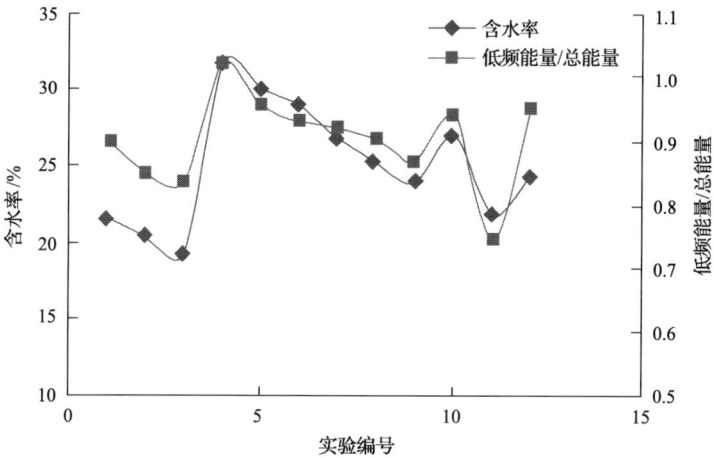

图 4.15 分割频率为 900MHz 时的相关性

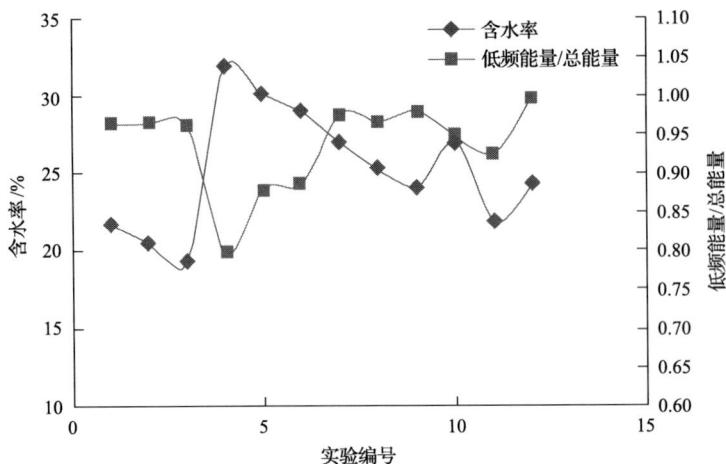

图 4.16　分割频率为 1100MHz 时的相关性

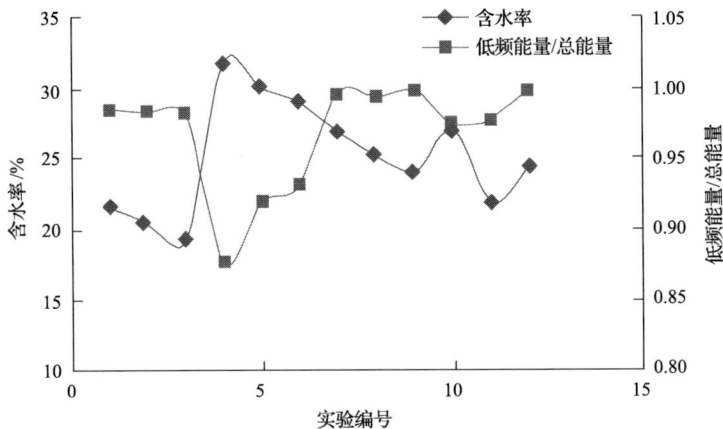

图 4.17　分割频率为 1300MHz 时的相关性

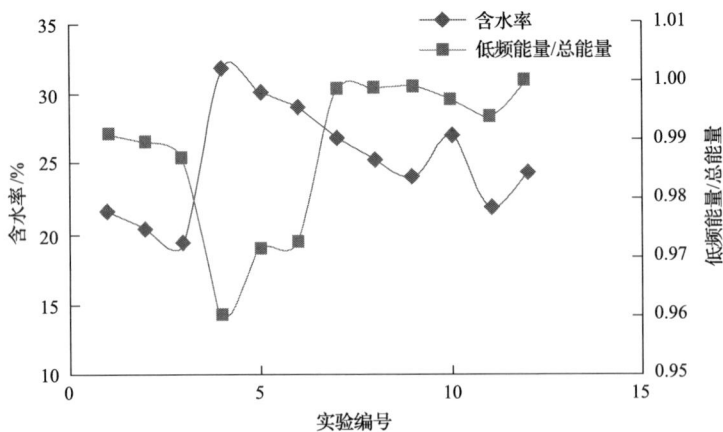

图 4.18　分割频率为 1500MHz 时的相关性

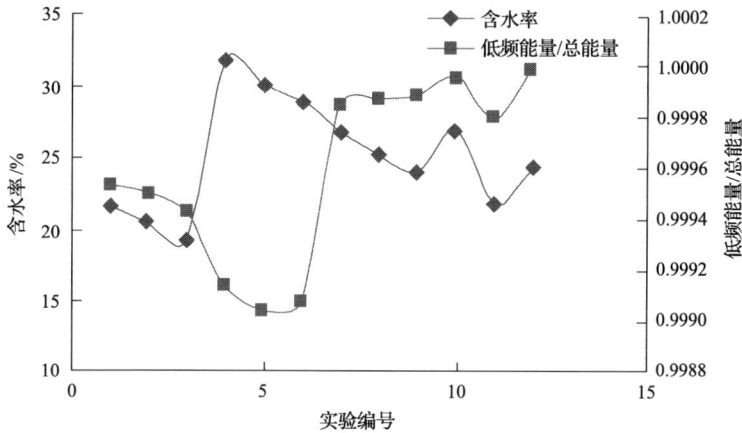

图 4.19　分割频率为 1700MHz 时的相关性

另外，功率谱能量低频叠加值为 L，高频叠加值为 H，以不同频率作为分界点的低频能量/总能量 $[L/(H+L)]$ 与含水率的相关系数如表 4.3 所示。

表 4.3　不同高低频分界点条件下 $L/(H+L)$ 与含水率相关系数

分割频率 /MHz	400	500	600	660	670	800	900	1100	1300	1500	1700
相关系数	0.6235	0.7894	0.8950	0.9410	0.9516	0.8847	0.7897	−0.7043	−0.7739	−0.6001	−0.4024

最后，将所有分割点所形成的低频占全部功率谱的比值和含水率的相关性进行分析，也可以看出，在分界点为 670MHz 时（图 4.20），低频叠加值所占全部功率谱的能量范围与含水率的相关性最佳。

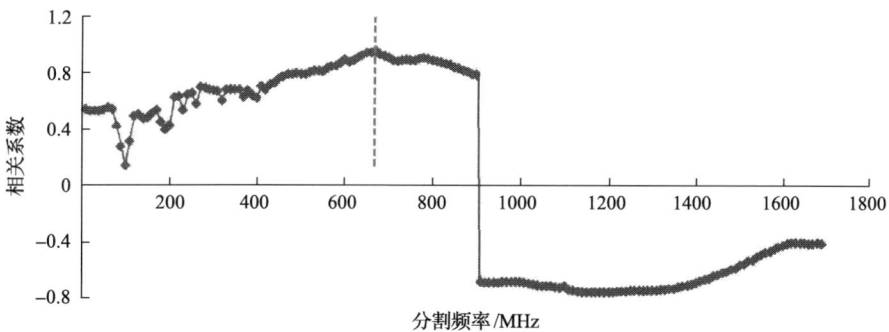

图 4.20　分割频率分布与含水率相关性分析

2. 功率谱与土壤紧实度相关性分析

由于雷达波的高频部分在气体中折射的能量十分强烈，因此，在研究紧实度相关性的时候，希望通过建立土壤中的气体含量与紧实度的关系，从而研究土壤中气态组相和雷达波功率谱的相关性。由于土壤的紧实度与其中所含气体的比例基本成反比，本书使用土壤紧实度值的倒数，作为土壤中气体含量的标定值，来研究其与雷达波功率谱的相关性。

从原始数据中提取各频率对应的能量数据，取 $\Delta=20\text{MHz}$，依次假设分界点为 $n\Delta$，算出假设条件下高频能量占总能量的比值，用所取得的一系列比值与紧实度倒数拟合计算相关系数，得到的相关系数最大值对应的分界点即寻找的高低频分界点。

相关性分析如图 4.21～图 4.27 所示。

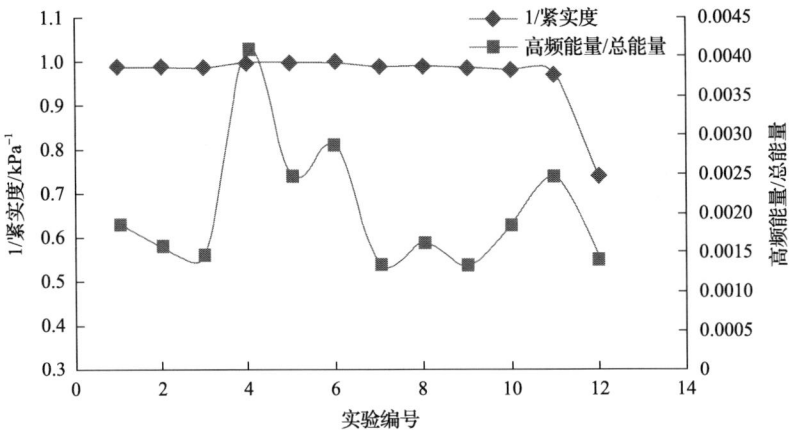

图 4.21　分割频率为 400MHz 时的相关性

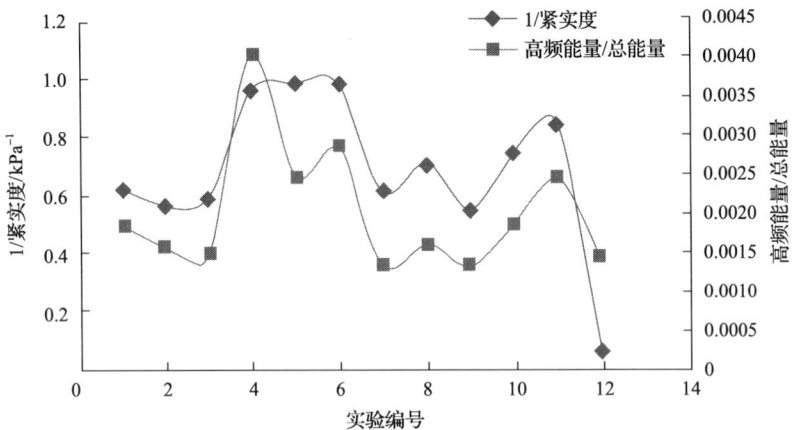

图 4.22　分割频率为 600MHz 时的相关性

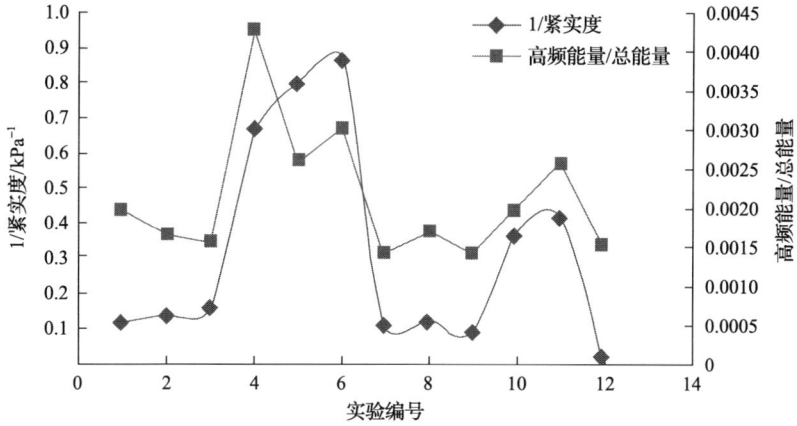

图 4.23　分割频率为 800MHz 时的相关性

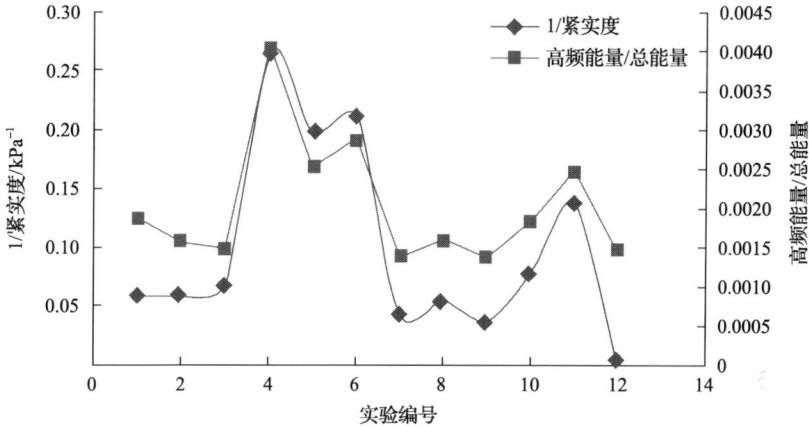

图 4.24　分割频率为 1000MHz 时的相关性

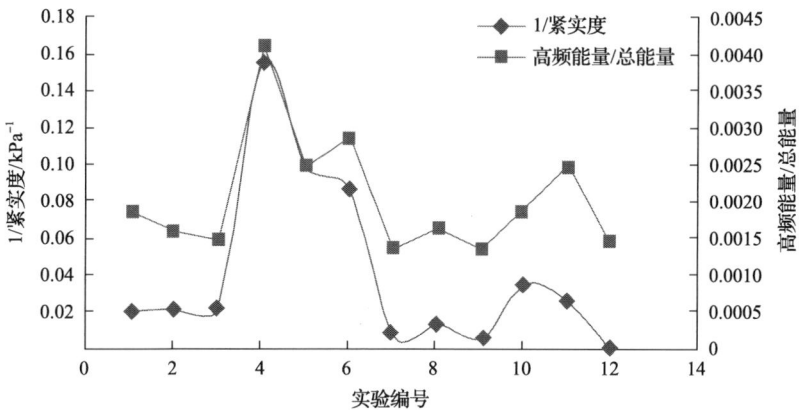

图 4.25　分割频率为 1200MHz 时的相关性

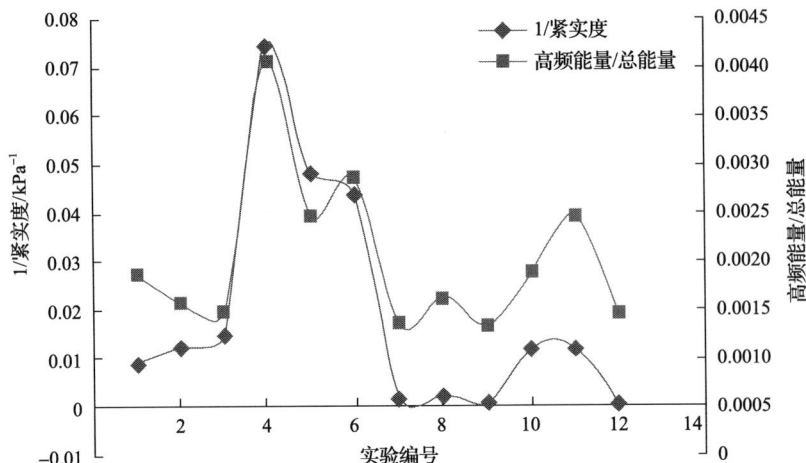

图 4.26　分割频率为 1400MHz 时的相关性

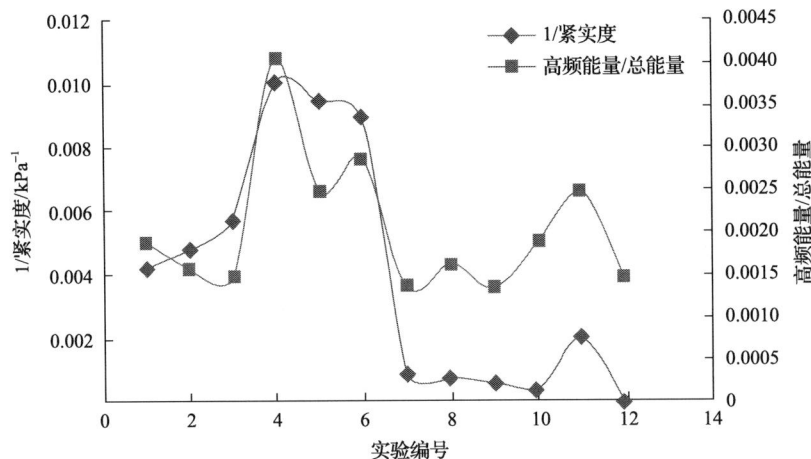

图 4.27　分割频率为 1600MHz 时的相关性

设功率谱能量低频叠加值为 L，高频叠加值为 H，则以不同频率作为分界点的"低频能量/总能量[$H/(H+L)$]"与紧实度倒数的相关系数如表 4.4 所示。

表 4.4　不同高低频分界点条件下 $H/(H+L)$ 与紧实度倒数的相关系数

分割频率/MHz	400	600	800	1000	1200	1400	1600
相关系数	0.2786	0.7073	0.8110	0.9469	0.9345	0.9233	0.7435

最后，将所有分割点所形成的高频占全部功率谱的比值和紧实度倒数的相关性进行分析，可以看出，在分界点为 1000MHz 时(图 4.28)，高频叠加值占全部功率谱能量的比值与紧实度倒数的相关性最强。这也符合雷达波在气体中传播高频

成分具有折射效果的物理意义。

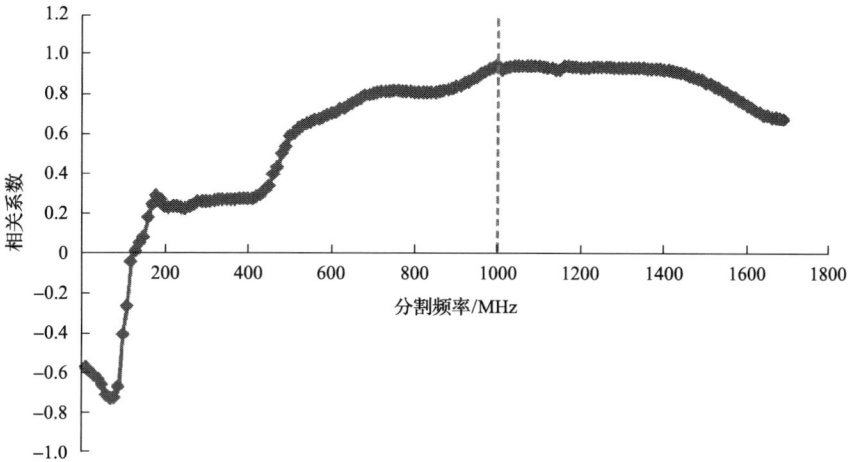

图 4.28 紧实度倒数与分割频率的相关性

4.2.3 ARMA 功率谱土壤响应特征模型

本节根据土壤的含水率和紧实度特征，利用不同物性条件下土壤对雷达波频率响应特征所反映出的衰减（吸收）规律、共振、频率等差异现象，研究其频率域的频谱特征。

通过对不同含水率和不同紧实度频率响应特征的雷达波与现场实际物理模型进行对比，使用相关性分析的方法，归纳总结出低频占全部频率比值对应于含水率、高频占全部频率比值对应于紧实度的关系，如图 4.29 所示，$\sum_{i=0}^{m} f_i$ 表示以 f_m 为分界点的低频叠加值（图中 670MHz 以上部分），$\sum_{i=n}^{+\infty} f_i$ 为以 f_n 为分界点的高频叠加值（图中 1000MHz 以下部分），F_a 为全部频率的能量值，k、h 分别为低频、高频时的调整函数。

根据 4.2.2 节中土壤含水率与雷达波低频所占能量比值的相关性分析可知，在 $f_m = 670MHz$ 时含水率值与土壤低频值占全部频率的比例的相关系数最大，为 0.9516，如图 4.20 所示，即此时含水率值与 $\dfrac{\sum_{i=0}^{670} f_i}{F_a} \times 100\%$ 相关性最大。

同样，根据 4.2.2 节的土壤紧实度倒数与雷达波高频所占能量比值的相关性分析，可知，在 $f_n = 1000MHz$ 时紧实度倒数值与土壤高频叠加值占全部频率的比例的相关系数最大，为 0.9469，如图 4.28 所示，即此时紧实度倒数值与 $\dfrac{\sum_{i=1000}^{+\infty} f_i}{F_a} \times 100\%$

相关性最大。

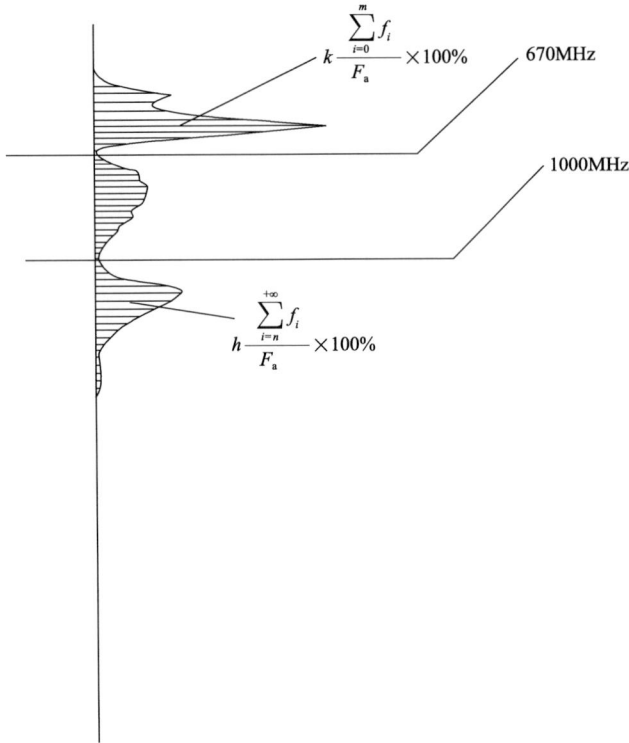

图 4.29　土壤雷达波谱主要介质元素频域分布图

根据以上分析，可以应用以下模型计算给定频率叠加值占总能量的比值，从而得到含水率和紧实度倒数的对应情况：

(1)含水率：$k\dfrac{\sum\limits_{i=0}^{m}f_i}{F_a}\times100\%\;(m{=}670)$

(2)1/紧实度：$h\dfrac{\sum\limits_{i=n}^{+\infty}f_i}{F_a}\times100\%\;(n{=}1000)$

本模型根据水、空气混合体进行设定，利用不同频率对水和空气的响应不同进行了含水率和紧实度的计算。在计算应用过程中，由于不同雷达天线带宽存在较大差异，对不同天线需要调整参数以进一步修正，以达到提高精度的目的。

参 考 文 献

包健. 2009. 有限精度权值神经网络优化的研究与应用. 上海: 华东理工大学.

崔凡. 2012. 基于探地雷达的土地整理质量检测关键技术研究. 北京: 中国矿业大学(北京).

Barcellos L C, Netto S L, Diniz S R. 2001. Design of FIR filters combining the frequency-response-masking and the WLS-Chebyshev approach. Proceedings of ISCAS, Piscataway: 613-616.

Hopfield J J. 1982. Neural networks and physical systems with emergent collective computational abilities. Proceeding of the National Academy of Science, 79: 2554-2558.

Lee W R, Rehbock V, Teo K L. 2004. A weight least-square-based approach to FIR filter design using the frequency-response masking technique. IEEE Signal Processing Letters, 11(7): 593-596.

Materka A. 1995. Neural network technique for parametric testing of mixed-signal circuits. Electronics Letters, 31(3): 183-184.

Saramaki T, Lim Y C. 1999. Use of Remez algorithm for designing FIR filters utilizing the frequency-response-masking approach. Proceedings of ISCAS, Piscataway: 449-455.

Seyyed M S J, Mohammadi K. 2009. Evolutionary derivation of optimal test sets for neural network based analog and mixed signal circuits fault diagnosis approach. Microelectronics Reliability, 49(2): 199-208.

第 5 章　土壤级别分类器算法模型

本章主要介绍 BP 神经网络分类器算法，并使用雷达波功率谱值作为输入值对网络进行训练，用训练成熟的网络对土壤进行分类识别，根据土壤的紧实度和含水率的两方面特征，达到土壤质量分类的目的。

5.1　神经网络理论基础

5.1.1　生物神经网络

神经元是组成脑组织的基本单元，人类大脑由 1011～1012 个神经元组成。每个神经元都通过 103～105 个突触与其他神经元连接而构成了一个极为庞大而复杂的网络，即生物神经网络。

生物神经元在结构上由胞体、树突、轴突和突触(图 5.1)四部分构成，用来完成神经元间信息的接收、传递和处理。

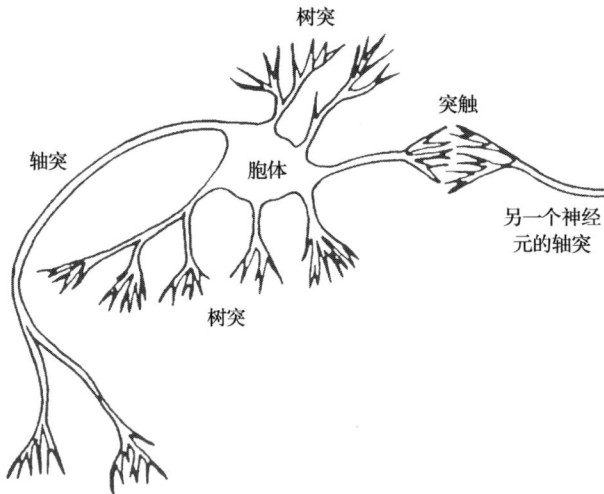

图 5.1　神经元构成图

胞体是神经元的代谢中心，本身由细胞核内质网和高尔基体组成。胞体一般生长有许多树突，树突是神经元的主要接收器；胞体还延伸出一条管状纤维组织，称为轴突，其作用是传导信息。而轴突的某段分出很多末梢，这些末梢与后一个神经元的树突构成一个机构，称为突触。

前一个神经元的信息经轴突传到末梢之后，经过突触对之后连接的各个神经元产生影响。整个神经元是一个控制和信息处理的系统单元，有以下生物学上的功能。

(1) 兴奋与抑制状态。神经元的工作状态满足"0-1"率，在传入冲动信息时，细胞膜电位升高，细胞进入兴奋状态并产生神经冲动由突触输出，称为兴奋；否则，突触无输出，称为抑制状态。

(2) 突触的延期或不应期。神经冲动的传播速度为 1～150m/s，相邻两次冲动之间需要时间间隔，称为不应期。

(3) 学习功能、遗忘和疲劳效应。由于神经元的可塑性，突触的传递作用可增强、减弱和饱和，因此细胞具有相应的学习功能、遗忘或疲劳效应(即饱和效应)。

5.1.2 人工神经网络

人工神经网络通过对人脑神经系统的模拟，使机器具有智能，从而可以实现学习、推理等功能。人工神经网络理论是建立在对生物神经网络模拟的基础上的，它通过对人脑进行简化、抽象模拟人脑的若干特性。

神经网络由许多并行运算的人工神经元(图 5.2)组成，这些神经元与生物神经网络系统中的神经元类似。单个神经元的结构简单、功能单一，通常是多输入、单输出的非线性器件，而大量神经元可组成神经网络系统实现诸多功能：

$$\begin{cases} \tau \dfrac{\mathrm{d}u_i}{\mathrm{d}t} = u_i(t) + \sum w_{ij}x_j(t) - \theta_i \\ y_i(t) = f[u_i(t)] \end{cases} \tag{5.1}$$

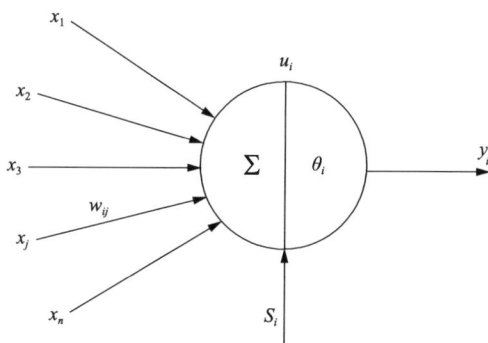

图 5.2 人工神经元结构模型

式中，u_i 为神经元 i 的内部状态；θ_i 为阈值；x_j $(j=1,2,\cdots,n)$ 为输入信号；w_{ij} 为与神经元连接的输入信号 x_j 的权值；τ 为某外部输入的控制信号；f 为神经元激活函数，一般选用非线性函数，常用的函数如下。

(1)阈值函数:

$$f(u_i) = \begin{cases} 1 & (u_i \geqslant 0) \\ 0 & (u_i < 0) \end{cases} \tag{5.2a}$$

(2)分段性函数:

$$f(u_i) = \begin{cases} 1 & (u_i > u_2) \\ au_i + b & (u_1 \leqslant u_i \leqslant u_2) \\ 0 & (u_i < u_1) \end{cases} \tag{5.2b}$$

式中, u_1 和 u_2 为阈值; a、b 为常数。

(3)S 型函数:

双曲正切函数

$$f(u_i) = \frac{1}{2}\left(1 - \tanh\frac{u_i}{2}\right) \tag{5.2c}$$

对数函数

$$f(u_i) = \frac{1}{1 + \exp(-u_i / c)^2} \tag{5.2d}$$

式中, c 为常数。

S 型函数反映了神经元的饱和特性, 由于其函数连续可导, 因此通过曲线参数调节可得到类似阈值函数的功能, 该函数广泛应用于许多神经元的输出特性中。

按照信号传递的方向, 可将神经网络分为前馈型网络和反馈型网络两种, 前馈型网络有 BP 神经网络、径向基函数(RBF)神经网络等; 反馈型网络有全连接的 Hopfield 神经网络、局部连接的卷积神经网络(CNN)等。

几种典型的神经网络有: ①单层网络; ②多层网络; ③回归型网络, 分别如图 5.3~图 5.5 所示。

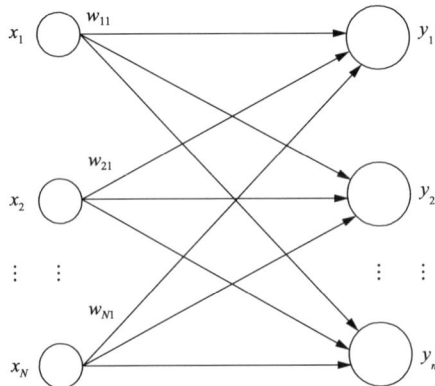

图 5.3　单层神经网络

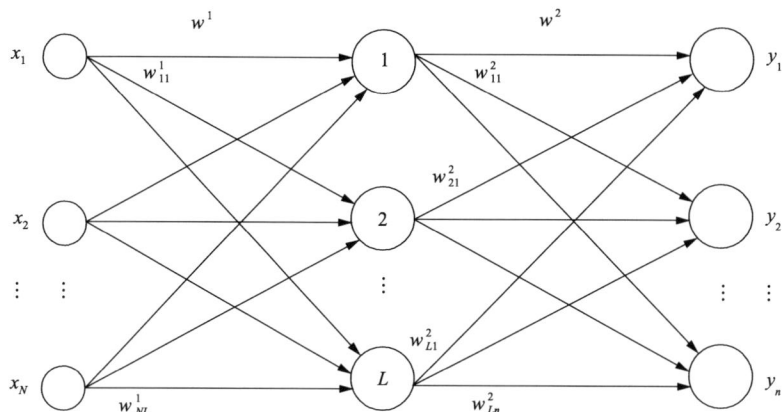

图 5.4 多层神经网络

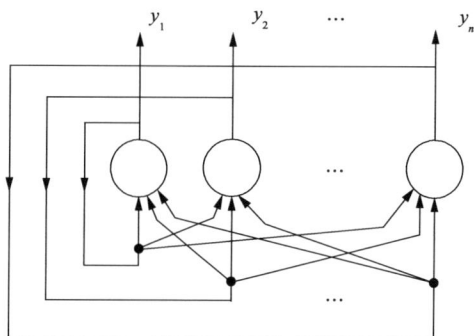

图 5.5 回归神经网络

神经网络具有以下几点主要特征。

(1)非线性：神经网络理论上可以趋近于任何非线性映射，对于非线性复杂系统的建模、预测，神经网络比其他方法更加实用。

(2)平行分布处理：神经网络具有高度平行的结构，可以进行平行处理，具有高容错能力。

(3)硬件可实现：可以通过硬件实现神经网络系统功能。

(4)学习和自适应性：利用系统实际统计数据，可以对网络进行训练。受适当训练的网络具有泛化能力，并且当输入训练样本中没有的数据时，网络也有能力进行辨识。

(5)数据融合：神经网络可以同时对定性、定量的数据进行操作。神经网络是传统工程和人工智能领域信息处理技术之间的桥梁。

(6)多变量系统：神经网络能处理很多信号，并且具有输出多个信号的功能，适用于多变量系统。

目前有代表性的神经网络模型有感知器、多层映射 BP 神经网络、RBF 神经网络、Hopfield 网络等。其中 BP 神经网络是应用比较广泛的一种模型。

在控制领域中，神经网络处理非线性数据的能力是最有意义的，而从系统识别和模式识别的角度来看，神经网络跟踪和识别非线性特性的能力是其最大优势。

5.1.3 分类器

分类器是一种计算机程序，其设计目标在于通过学习能够自动将数据分到已知的类别中，实现自动分类。分类器归为人工智能的一种，是一种机器学习程序。人工智能的主要领域包括专家系统、数据挖掘和模式识别等，都用到了分类器。分类器的实质是一种数学模型，针对不同的模型，目前主要有以下几个分支：Bayes 分类器、BP 神经网络分类器、决策树算法和支持向量机算法等。分类器在目前的人工智能中应用广泛，其在自动处理、批量处理、表达复杂的模式信息以及挖掘类间复杂映射关系方面有很大的优势。

5.2 BP 神经网络分类器

BP 神经网络是一种应用广泛的分类器，该分类器由以 Rumelhard 和 McCelland 为首的科学家在 1986 年提出，是误差反向传播算法训练的多层前馈网络。BP 神经网络可以学习和存储大量输入和输出模式的映射关系，而无须事先揭示可以描述这种复杂模式映射关系的数学方程。BP 神经网络在描述一些内部关系复杂、模式信息不能由简单的数学方程描述的复杂映射方面具有很大的优势。BP 神经网络的模式信息是通过网络内部对应的权值和阈值来描述的。实际应用的过程中，需要提供一组输入样本，该输入样本能够典型地代表该类的特征，同时提供标准的输出。网络通过学习不断调整权值和阈值使输出向目标输出逼近，直至满足误差要求。通过不断调整权值和阈值之后的网络已经存储了该类模式信息，其复杂的映射通过一组复杂的权值矩阵和阈值矩阵存储。自动识别阶段，输入待识别的数据，经过权值和阈值的计算，在输出端会输出网络识别的类别。

BP 神经网络采用的是最速下降法，通过反向传播来不断调整权值和阈值，使网络系统的误差平方和最小。BP 神经网络的网络拓扑结构包含输入层（Input_Layer）、隐含层（Hide_Layer）和输出层（Output_Layer）。

5.3 土壤级别 BP 分类器

为检验探地雷达在土地整理应用中的可行性和科学性，本书通过简易模型获取了一些实测数据，处理雷达采集的数据，就可以得到土壤的信息，并以此来分类评级。BP 分类器能够自动快速处理大量数据，实现自动快速评级。

5.3.1　算法流程

BP 分类算法的流程如图 5.6 所示。

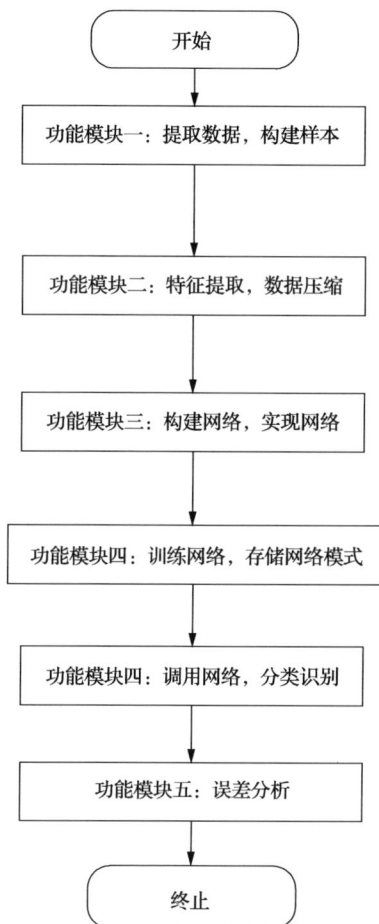

```
┌─────────────────┐
│       开始       │
└─────────────────┘
         │
┌─────────────────────────┐
│ 功能模块一：提取数据，构建样本 │
└─────────────────────────┘
         │
┌─────────────────────────┐
│ 功能模块二：特征提取，数据压缩 │
└─────────────────────────┘
         │
┌─────────────────────────┐
│ 功能模块三：构建网络，实现网络 │
└─────────────────────────┘
         │
┌───────────────────────────┐
│ 功能模块四：训练网络，存储网络模式 │
└───────────────────────────┘
         │
┌─────────────────────────┐
│ 功能模块四：调用网络，分类识别 │
└─────────────────────────┘
         │
┌─────────────────┐
│ 功能模块五：误差分析 │
└─────────────────┘
         │
┌─────────────────┐
│       终止       │
└─────────────────┘
```

图 5.6　BP 分类算法流程图

如图 5.6 所示，算法的主要流程为：通过对雷达采集的原始数据进行功率谱分析和主成分分析，提取主要特征并实现数据压缩，然后根据提取的特征向量维数构建合适的网络模型，训练网络，待网络训练成熟以后，存储网络模式信息，待需要分类时调用网络即可实现自动分类评级。

主成分分析算法流程如图 5.7 所示。

主成分分析实现特征提取和数据压缩。如果将雷达采集到的原始数据直接用来构造网络，则会出现 512 个、1024 个或 2048 个输入节点（节点数为雷达采样率），节点数也是每一道数据的维数。由于维数高，网络异常庞大且收敛时间长、速度慢。

```
                        ┌─────────────┐
                        │    开始      │
                        └─────────────┘
                               │
                ┌──────────────────────────────┐
                │   读入 n×p 大小样本数据          │
                └──────────────────────────────┘
                               │
                ┌──────────────────────────────┐
                │   计算协方差矩阵 r[p][p]         │
                └──────────────────────────────┘
                               │
                ┌──────────────────────────────┐
                │    求特征值 t[p]                │
                └──────────────────────────────┘
                               │
                ┌──────────────────────────────┐
                │   计算特征向量 e[p][p]          │
                └──────────────────────────────┘
                               │
                ┌──────────────────────────────┐
                │  计算主成分贡献率及累计贡献率      │
                └──────────────────────────────┘
                               │
           ┌──────────────────────────────────────────┐
           │ 取累计贡献率达85%~95%的特征值所对应的 m 个主成分 │
           └──────────────────────────────────────────┘
                               │
                ┌──────────────────────────────┐
                │    计算主成分载荷               │
                └──────────────────────────────┘
                               │
        ┌────────────────────────────────────────────────┐
        │ 计算获取各主成分组合起来的新的特征向量 keyf[n][m]     │
        └────────────────────────────────────────────────┘
                               │
                        ┌─────────────┐
                        │    结束      │
                        └─────────────┘
```

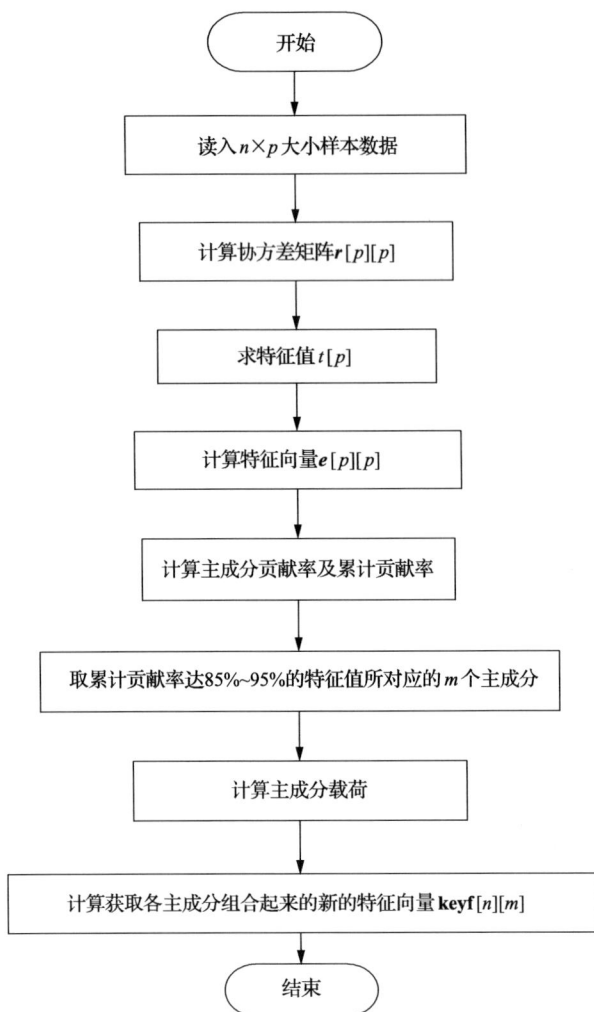

图 5.7　主成分分析算法流程图

这些采集的数据中很多是冗余且信息量少的数据。如果把这样的数据也作为特征，则既浪费了资源，也降低了性能。实际测试中，用主成分分析的方法，可以大大降低输入样本维数，将样本维数降低至 30 时，仍能够很好地反映样本的特征。

BP 神经网络的一般流程如图 5.8 所示。

BP 神经网络能够通过多次训练调整权值，将系统误差平方和降低到预定值，并通过网络拓扑结构和权值存储模式信息。

```
                        ┌──────────┐
                        │   开始    │
                        └────┬─────┘
                             │
        ┌────────────────────────────────────────────┐
        │  初始化各层的阈值和输入层与隐含层、隐含层与      │
        │         输出层之间的连接权值                   │
        └────────────────────┬───────────────────────┘
                             │
                ┌────────────────────────┐
                │      输入样本学习         │
                └───────────┬────────────┘
                             │
                ┌────────────────────────┐
                │   计算隐含层各节点的输出值   │
                └───────────┬────────────┘
                             │
                ┌────────────────────────┐
                │   计算输出层节点的输出     │
                └───────────┬────────────┘
                             │
                ┌────────────────────────┐
                │   计算输出层节点的误差     │
                └───────────┬────────────┘
                             │
        ┌────────────────────────────────────────────┐
        │  利用误差更新隐含层和输出层之间的连接           │
        │        权值和中间层节点阈值                    │
        └────────────────────┬───────────────────────┘
                             │
         否          ◇ 学习样本全部学完? ◇
                             │ 是
         是          ◇ 误差 E 小于误差上限? ◇
                             │ 否
         否          ◇ 学习次数达到? ◇
                             │ 是
                        ┌──────────┐
                        │   结束    │
                        └──────────┘
```

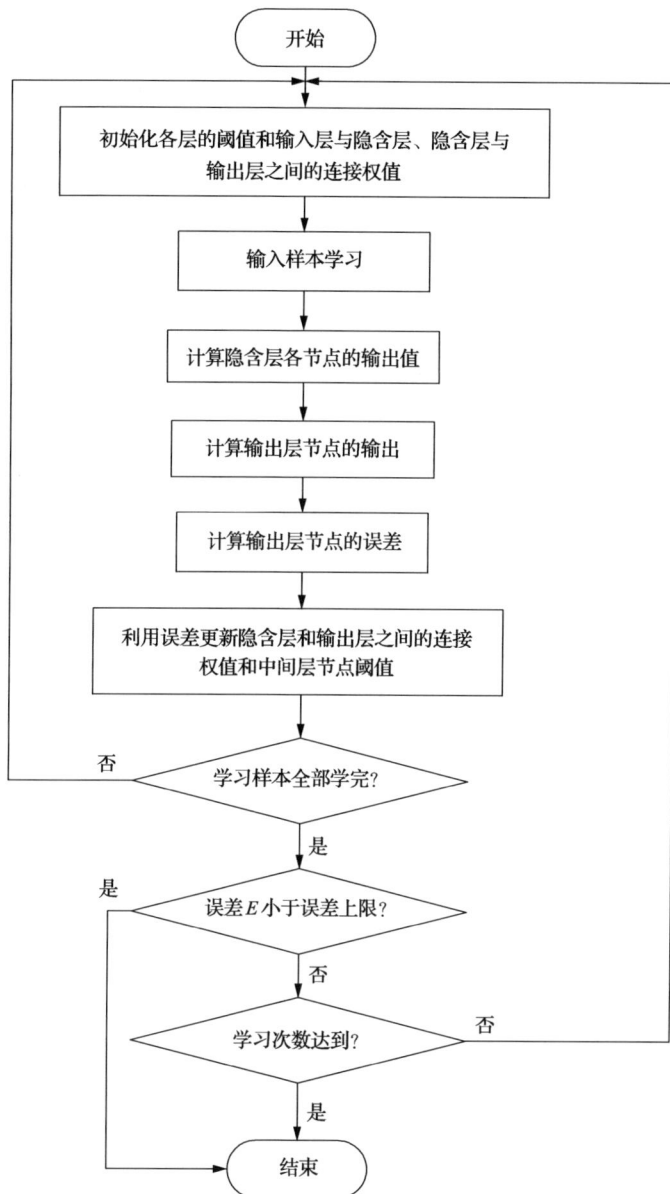

图 5.8　BP 神经网络一般流程图

5.3.2　评价因子的量化方法

本节通过实验采集的数据，对土壤物理参数进行综合评价。网络的输出是一系列确切的数据，为了简化参数描述，将输出的数据进行量化，输出数据对应输入数据应该归属的类别。为方便描述，对土壤类别做如下量化，如表 5.1 所示。

表 5.1　分类指标量化表

物理参数	量化		
	量化 1	量化 2	量化 3
含水率/%	(低) 19 以下	(中) 19～24	(高) 24～29
紧实度平均值/kPa	(松散) 240	(普通) 240～300	(紧实) 300～360

土壤含水率和紧实度与土壤质量密切相关，直接影响土壤的生产力，有些土壤既通气透水又保水保肥，非常适合植物生长，属于优质土壤；相反，有些土壤则非常不利于农作物的生长，属于劣质土壤。现依据实验数据，结合量化方法，将土壤量化为 9 类，用神经网络实现土壤类别的自动分类，对应的量化类别如表 5.2 所示。

表 5.2　土壤级别量化表

紧实度	含水率		
	低	中	高
松散	中二等	优一等	良二等
普通	中一等	优二等	良一等
紧实	劣	差一等	差二等

其中，优、良、中等级的土壤具有较好的生产力，利于植物生长；差和劣等级的土壤则不利于农作物生长，不适宜种植农作物。

5.3.3　测评实例及验证

土壤含水率分类评价的 BP 神经网络模型设计主要包括以下步骤。

(1)选择样本。样本是网络训练的门户，样本的好坏直接关系到网络的性能。样本需要具有典型性、均一性、全面性，同时样本的数量也要适中，样本数量太少则网络训练不成熟，样本数量太多则会造成数据的冗余，降低网络性能。训练样本的样本数目有一个临界值，当样本数量大于这一临界值时，神经网络的推广能力不会再提高，而是保持稳定，甚至反而会增加监测误差。实验阶段在实验箱物理模型中模拟出 9 类土壤，并用实验雷达采集大量数据。基于实验箱内的样本比较均一，土壤评价测试时从每一类模型数据中提取最后均一的实验采集数据200 道，其中 160 道数据用来训练网络，剩下的 40 道数据用来做测试。提取样本数据的 MATLAB 代码如下。

```
%%CreateSamples
FileArray(1).name = '90020.dat';
FileArray(2).name = '90050.dat';
FileArray(3).name = '90060.dat';
```

```
FileArray(4).name = '90070.dat';
FileArray(5).name = '900110.dat';
FileArray(6).name = '900140.dat';
FileArray(7).name = '900170.dat';

FileCategory = 7;   %样本个数

%读取源文件的有效控制信息
for i = 1:FileCategory
FileArray(i).fid = fopen(FileArray(i).name, 'r');
fseek(FileArray(i).fid, 52, 'bof');
FileArray(i).trace = fread(FileArray(i).fid, 1, 'short');
fseek(FileArray(i).fid, 16, 'cof');
FileArray(i).num = 512*fread(FileArray(i).fid, 1, 'short');
end;

%%读数据
Fid = fopen('SAMPLE.dat', 'a');
GraspCount = 200;
for i = 1:FileCategory

fseek(FileArray(i).fid,1024+1024*(FileArray(i).trace-GraspCount),
'bof');
    for j = 1:GraspCount
        tmp = fread(FileArray(i).fid, FileArray(i).num, 'shout');
        if i <= 4
            tmp(FileArray(i).num+1) = 1;
        else
            tmp(FileArray(i).num+1) = 2;
        end;
        fwrite(Fid, tmp, 'shout');
    end;
fclose(FileArray(i).fid);
end;
fclose(Fid);
```

这些数据的原始图如图 5.9 所示。

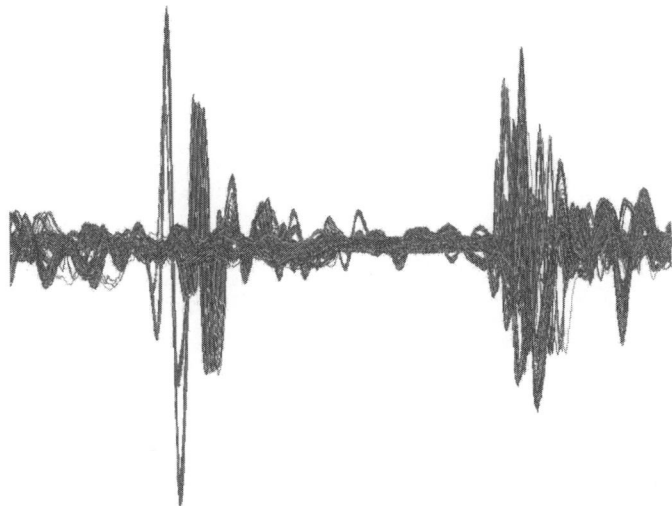

图 5.9　分类数据原始图

(2)数据处理。先进行功率谱分析,由于功率谱的对称性,只保留单边谱,因此可压缩一半的数据;然后继续进行主成分分析,通过设定权重因子保留对总体影响较大的特征值所对应的特征向量,并且完成归一化。经过功率谱和主成分分析后的样本数据描绘图如图 5.10 所示。

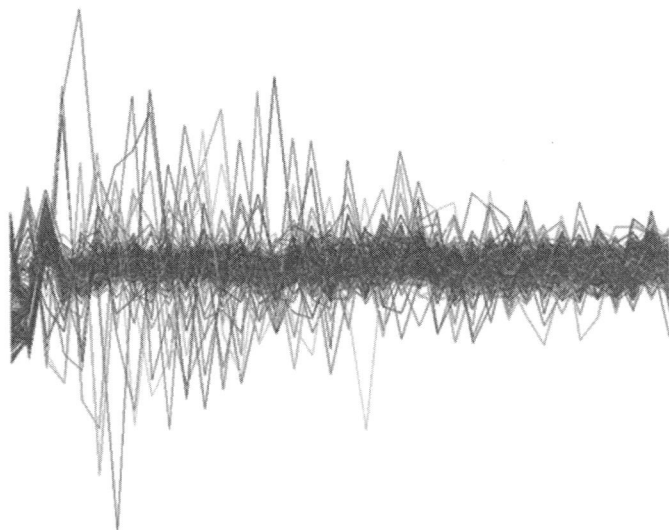

图 5.10　样本数据描绘图

(3)构建 BP 神经网络。根据处理后的样本数据的输入和期望输出,设计网络的拓扑结构,其训练状态如图 5.11 所示。

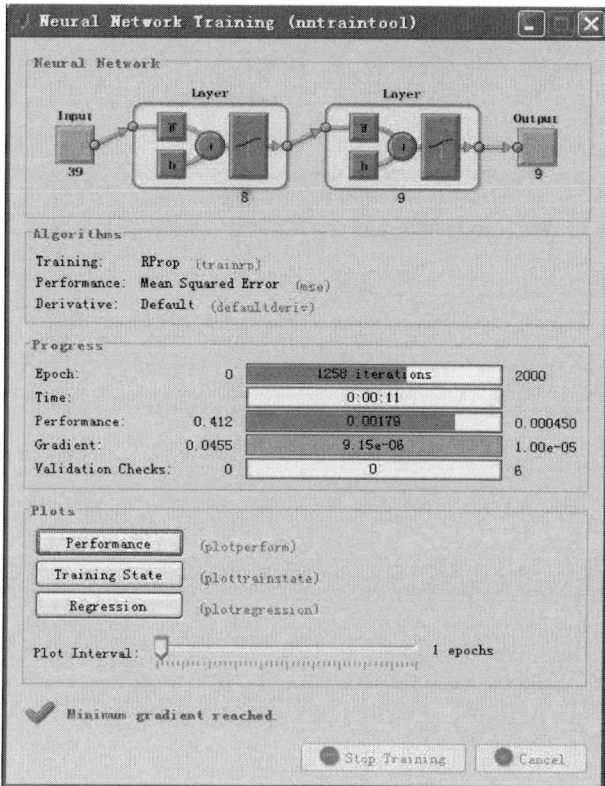

图 5.11　神经网络训练状态图

网络训练过程中的总体性能如图 5.12 所示，在第 1258 次迭代时最佳训练性能是 0.0017938。

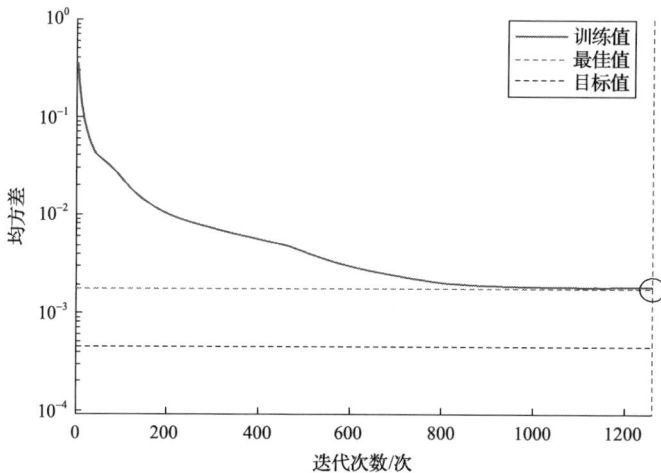

图 5.12　最佳训练性能分析图

网络训练成熟后用检测数据检测其分类效果，检测数据每一类土壤有 40 道，统计分析输出分类结果，如表 5.3 所示。

表 5.3　分类结果

属性	优一等	优二等	良一等	良二等	中一等	中二等	差一等	差二等	劣
输出数/道	36	38	47	32	37	44	45	43	38
错分数/道	1	2	9	0	1	7	10	8	1
正确数/道	35	36	38	32	36	37	35	35	37
概率	0.875	0.900	0.950	0.800	0.900	0.925	0.875	0.875	0.925

实现分类功能的 MATLAB 代码如下。

```
%%CreateSamples
FileCategory = 7;    %样本来源文件个数
Class = 2;
GraspCount = 200;
Fid = fopen ('SAMPLE.dat', 'r');
 [Samples, count] =
fread(Fid, [1025, GraspCount*FileCategory], 'shout');   %Samples 为最
后一维为类别号的样本数据
fclose('all');
Sample = Samples(1:1024, :);
nfft=1024;
for i = 1:FileCategory*GraspCount
xn(:,i) = Sample(:,i);
cxn(:,i) = xcorr(xn(:,i), 'unbiased');
cxk(:,i) = fft(cxn(:,i), nfft);
Pxx(:,i) = abs(cxk(:,i));
PxxGaosi(:,i) = awgn(Pxx(:,i),1,'measured');
end


Sample = PxxGaosi(1:0.5*nfft,1:i);
 [SampleMapminmax, SampleStruct] = mapminmax(Sample);
```

```
SampleT = SampleMapminmax';
Var = cov(SampleT);
[v, latent, explianed] = pcacov(var);
SumLa = sum(latent);
Coefficient = 30;
m = 1;
for j = 1:length(latent)
weight = latent(j)/SumLa;
if weight > 1/(length(SampleT)*Coefficient)*200
        retain_latent(m) = latent(j);
    retain_v(:, m) = v(:, j);
    m = m+1;
end
end
Input = (SampleT*retain_v)';

%%BP
InputLen = size(Input, 1);
InputNum = 160;
OutTest = sim(net, InTest);
Statistics = zeros(1, Class);
error = zeros(1, Class);
for i = 1: FileCategory*TestCount
[b, c] = max(OutTest(:, i));
switch c
    case 1
        if i <= TestCount*4
            Statistics(1) = Statistics(1)+1;
        else
            error(1) = error(1)+1;
        end;
    case 2
        If I <= TestCount*7 && i > TestCount*4
            Statistics(2) = Statistics(2)+1;
        else
```

```
                        error(2) = error(2)+1;
            end
    end
    end
    Statistics
    error
```

隐含层数目也在很大程度上影响分类的准确性，实验阶段选取几组不同的样本，设置不同数目的网络隐含层神经元，测试网络的分类准确率，得到的结果如表 5.4 所示。

表 5.4　重复测试网络准确率表

次数	隐含层神经元数/个	训练的每类样本总数/个	准确率/%
第一次	5	100	88
第二次	8	200	94
第三次	10	300	83
第四次	4	400	85
第五次	3	500	84

实验得隐含层神经元数目为 8 时有较好的分类效果，则以此为成熟网络隐含层神经元数目，用实验箱中采集的大量数据训练网络，待网络训练成熟后，用网络分类野外实测土壤数据。从北京市顺义区农科所试验田中采集雷达野外实测土壤数据，共有 7920 道数据输入网络进行分类，分类结果如表 5.5 所示。

表 5.5　实测分类结果分析

属性	优一等	优二等	良一等	良二等	中一等	中二等	差一等	差二等	劣
道数/道	385	7321	102	68	2	18	10	4	10
概率/%	4.86	92.44	1.29	0.86	0.03	0.23	0.013	0.05	0.13

注：概率一行相加不为 100%，是每个数据均保留两位小数引起的。

可见，农田所测区域落在优二等评级的概率为 92.44%，符合实测农田的生产力的实际情况。

综上所述，可以得出网络整体健壮性较好，分类准确率基本满足要求。隐含层神经元数目对网络的性能有较大的影响，但目前并没有可行的理论来指导隐含层的设计。通常情况下是优先考虑单隐含层，先考虑增加神经元个数，再考虑增加层数，通过实验发现一般在能够满足要求的前提下再多加一到两个神经元就能有较好的性能。

实验证实了用 BP 分类器对土地整理质量进行分类评价的可行性和科学性，但与真正应用于工程还有一段距离，主要困难在于大量标准样本的构造，其次就是合理网络拓扑结构的设计。

5.4　误差分析和改进

误差可能来源于作为模板的训练样本，如果在样本空间中有不属于该类的个体，则必然会破坏系统的整体功能。因此，优化样本尤为重要，训练样本产生以后计算各样本的相关系数，理想的样本应该是类间差别大、类内差别小，但同类样本又不能太单一，否则网络的泛化能力不好；也可以在网络训练过程中动态剔除与其他样本相比系统误差平方和明显偏大的劣质样本。

系统本身也容易产生误差，BP 神经网络在训练的过程中可能限于局部最优，并不是一个全局寻优的算法；也可能由于训练过度，陷入过拟合。针对这些问题，通过学习算法改进，用变学习率和附加动量法都可以提高网络的性能，消除部分系统误差。

神经网络的输出是一系列的数，每一个节点的输出值都是输入值属于该类的概率。样本本身标定的目标是其可能所属的类别，所以其结果并不是完全可信的，但一定是有规律可循的。对分类结果进行进一步的分析，用置信区间衡量结果的可信度，可以辅助提高网络分类的准确性。

参 考 文 献

包健. 2009. 有限精度权值神经网络优化的研究与应用. 上海: 华东理工大学.

崔凡. 2012. 基于探地雷达的土地整理质量检测关键技术研究. 北京: 中国矿业大学(北京).

Barcellos L C, Netto S L, Diniz S R. 2001. Design of FIR filters combining the frequency-response-masking and the WLS-Chebyshev approach. Proceedings of ISCAS, Piscataway: 613-616.

Cassasent D. 1992. Optical processing in neural networks. IEEE Expert, 7(5): 56-61.

Hopfield J J. 1982. Neural networks and physical systems with emergent collective computational abilities. Proceeding of the National Academy of Science, 79: 2554-2558.

Lee W R, Rehbock V, Teo K L, et al. 2004. A weight least-Square-Based approach to FIR filter design using the frequency response masking technique. IEEE Signal Processing Letters, 11(7): 593-596.

Lim Y C, Lian Y. 1994. Frequency-response-masking approach for digital filter design: Complexity reduction via masking filters factorization. IEEE Transactions on Circuits and Systems II, 41(8): 518-525.

McCulloch W S, Pitts W A. 1943. A logical calculus of the ideas immanent in nervous activity. Bulletin of Mathematical Biophysics, 5: 115-133.

Saramaki T, Lim Y C. 1999. Use of Remez algorithm for designing FIR filters utilizing the frequency-response-masking approach. Proceedings of ISCAS, Piscataway: 449-455.

Saramaki T, Johansson H. 2001. Optimization of FIR filters using frequency-response-masking technique. Proceedings of ISCAS, Piscataway: 177-180.

Sprecher D A. 1996. A numerical implementation of Kolmogorov's superpositions. Neural Network, 9(5): 765-722.

Tapio S, Juha Y K. 2003. Optimization of frequency-response masking based FIR filters. Journal of Circuits, System and Computers, 12(5): 563-590.

Yu Y J, Teo K L, Lim Y C, et al. 2005. Extrapolated impulse response filter and its application in the synthesis of digital filters using the frequency-response masking technique. Signal Processing, 50(3): 581-590.

第6章 基于探地雷达的土地整理质量检测关键技术展望

本章主要针对土地整理质量检测中探地雷达的关键技术进行了总结，展示本书主要完成的工作及研究成果，最后提出本书中一些需要进一步研究的问题，并对土地整理质量检测中探地雷达的应用做出展望。

本书完成的主要工作和成果如下。

(1)建立了不同物理参数的土壤模型：通过研究不同参数的土壤模型，改变其紧实度、含水率和电导率值，使用雷达探测分析获取基于雷达波的土壤相对介电常数值。

(2)建立了不同含水率条件下介质土壤的地球物理响应特征模型：使用多种功率谱分析方法，计算不同频率下的功率谱特征，并建立起含水率、紧实度与功率谱值的拟合对比，发现功率谱特征与含水率具有很好的相关性，并具有函数拟合性。

(3)提出了一种基于神经网络的土地整理质量分类算法：使用神经网络算法将含水率、紧实度与其对应的功率谱特征作为输入层信息，对该拟合特征进行功率谱自动分类，并针对实际应用进行验证测试。最终测试结果表明：探地雷达可以达到土地整理质量检测中的土壤物理参数快速识别并分类的目的。

本书在以下几个方面仍需要进一步研究，使土地整理质量检测中的探地雷达关键技术有所提高。

(1)由于本书只针对壤土这一种介质进行探测，具有一定的局限性，后期将针对更多种类的土壤开展雷达探测土壤质量分类研究。

(2)本书所涉及的土壤质量的具体物理参数为含水率、紧实度和电导率值，不能完全反映土壤的全部特征，在今后的研究中需要针对更多土壤参数，如土壤容重、微量元素含量等特征进行研究。

(3)本书所研究的功率谱与土壤参数的拟合多为一一对应的关系，没有建立一对多的情形。在以后的研究中，应针对土壤综合物理参数展开研究工作。

(4)针对不同频率天线下的雷达波响应特征开展土地整理的土壤质量评价研究，即对土壤开展不同频率的天线探测分析，找寻不同频率雷达波响应特征的规律性。

参 考 文 献

崔凡. 2012. 基于探地雷达的土地整理质量检测关键技术研究. 北京: 中国矿业大学(北京).